絕代紅妝

吳東權 著

臺灣商務印書館

萬卷書籍，有益人生

——「新萬有文庫」彙編緣起

台灣商務印書館從二〇〇六年一月起，增加「新萬有文庫」叢書，學哲總策劃，期望經由出版萬卷有益的書籍，來豐富閱讀的人生。

「新萬有文庫」包羅萬象，舉凡文學、國學、經典、歷史、地理、藝術、科技等社會學科與自然學科的研究、譯介，都是叢書蒐羅的對象。作者群也開放給各界學有專長的人士來參與，讓喜歡充實智識、願意享受閱讀樂趣的讀者，有盡量發揮的空間。

家父王雲五先生在上海主持商務印書館編譯所時，曾經規劃出版「萬有文庫」，列入「萬有文庫」出版的圖書數以萬計，至今仍有一些圖書館蒐藏運用。「新萬有文庫」也將秉承「萬有文庫」的精神，將各類好書編入「新萬有文庫」，讓讀者開卷有益，讀來有收穫。

「新萬有文庫」出版以來，已經獲得作者、讀者的支持，我們決定更加努力，讓傳統與現代並翼而翔，讓讀者、作者、與商務印書館共臻圓滿成功。

台灣商務印書館董事長 王學哲

序

绝代红妝

莎士比亞：「女人是最美麗的魔鬼，沒有人能夠觀察透徹她們的心。」

荷馬：「女人是動物界最險惡、最毒狠的動物，也是所有地獄中最大與最可怕的魔鬼。」

孔子：「唯女子與小人為難養也。」

女人真的有那麼可怕嗎？名人這樣批評未免太誇張了罷！事實上，世上那一個男人不愛女人？那一個男士不覺得女人可愛？愚蠢而花心的男人吃了女人的虧，就把女人罵得像魔鬼，豈是公平之論？本來嘛，「人上一百，形形色色。」男人中有君子小人，猶如女子也有淑女蕩婦一樣，良窳不齊。倒是雨果說了一句中肯的話：「世界上有很多可愛的女人，但卻沒有一個完美的女人。」

我們從歷史上有關的資料看來，女人之中，有好有壞、有美有醜、有忠有奸、有善有惡，但是由男人執筆撰寫的史記列傳，往往受重男輕女的觀念所左右，筆觸多敘男性而少提女性，偶爾提及，總是從美貌嬌姿、能歌善舞；或是貞節孝行、溫良恭儉方面著筆讚賞，要不就是像荷馬的看法一樣，把女人視為禍水，「紅顏禍國」的說法，史上屢見不鮮，所以一直到現在，儘管「男女平權」、「男女平等」的呼聲響徹雲霄，在男人的心目中，似乎並沒有多大改變。事實上有些女人弄權佔位、翻雲覆雨，往往都是由於男人的自甘墮落、或無能昏庸、或寵愛過甚、或姑息養奸、或逢迎巴結，使得女人過度自信，不斷膨脹，以致形成「紅顏禍水」的片面印象，這對女人來說，是很不公平的結論。

筆者去歲在《青副》和《華副》撰寫了七十六篇《綵筆紅顏》，引用唐詩宋詞、文人騷客吟詠女性姿容儀態之美的綺語雋辭，分別描述古今女子的娟秀清麗，婀娜多姿，業由《臺灣商務印書館》出版，在寫作過程中，因搜集美人資料，博覽女史群書，發現自古迄今，仍有不少女性，在歷史上佔有相當重要的地位，她們不僅僅只是生兒育女、相夫課子，許多女性竟是國家興亡的推手、社會榮枯的泉源、男人成敗的動力、家族衰旺的關鍵，幾乎每隔一段時日，就會有一兩位出類拔萃的傑出女性，君臣天下、俯視群倫，正是「江山代有才女出，各領風騷百把年。」絕不能小覷女性。

因此，讓我興起一股求古探史、踏雪尋梅的熱勁，決定將我國歷來的女性奇葩、紅粉佳人，做一次閱兵式的檢視，用簡練的文句，正確的史料，輕鬆的筆調，客觀的評介，一一推薦給讀者，每篇千餘字，亦史亦文，有詩有詞，抓重點敘述一位代表性之婦女，統合其名曰「絕代紅妝」。

絕代；是當世無雙、獨一無二、世所罕見、空前絕後之意，古人常云絕代風華、絕代佳人，表示至高無上、無與倫比。杜甫《佳人詩》：「絕代有佳人，幽居在空谷。」武平一詩：「常矜絕代色，復恃傾城貌。」都是這個意思。白行簡的《李娃傳》云：「妖姿奧妙，絕代未有。」曹雪芹的《紅樓夢》云：「這小姐通書知禮，無所不曉，竟是絕代佳人。」可見這絕代二字，幾乎是無可替代的唯一，所以本書中所述的女子，必然也是史上絕無僅有的代表人物。

至於「紅妝」；這一詞源自秦始皇。《妝臺記》云：「始皇宮中，悉好神仙之術，乃梳神仙髻、皆紅妝翠眉，漢宮尚之。」古時宮中婦女多著紅色衣裳，頰上塗抹胭脂，是以紅妝象徵女性，或指年輕盛裝的姑娘，如杜甫詩云：「羅襦不復施，對君洗紅妝。」《木蘭詩》：「阿姊聞妹來，當户理紅妝。」杜甫詩云：「六尺盈盈窈窕娘，背人燈下卸紅妝。」這些「紅妝」指的是美容化裝，擦脂敷粉的女子。李白詩云：「正見當壚女，紅妝二八年。」宋之問詩：「金鞍白馬來從趙，玉面紅妝本姓秦。」崔輔國詩云：「朝日照紅妝，擬上銅雀臺。」這些都是以「紅妝」表示青春貌美、妝扮入時的少女。姜夔詞云：「紅妝豔色，照浣花溪影，絕代姝麗。」從水面上欣賞佳麗的倒影，自然另有一番境界。國學大師陳寅恪致吳宓詩中兩句名言：「留命任教加白眼，著書只剩頌紅妝。」筆者撰寫「絕代紅妝」，多少也是有點頌揚女子的意思。

所以在本書八十篇文章中，介紹了八十多位古來的女性代表，她們在每一個不同的時空中，充分發揮了女性的特質，做出了極具影響力的言行，使得數千年中國歷史的流程中盪漾著圈圈漣漪，散發出陣陣芬芳，她們的表現，並不亞於鬚眉，甚至還左右了男人，雖然讀者也許對這八十多位絕代紅妝並不陌生，但是作者是從無數史料筆記中擷取其生平精華，簡明扼要地重新考證、組合、編纂、歸納而成，相信對讀者會有嶄新的感受和意外的收穫。

閱讀本書，可以讓您把我國自古迄今的「絕代紅妝」輸入心腦，留待仔細品評，慢慢欣賞，時時回味。我們常言：「男女因為互不瞭解而結婚，因為互相瞭解而離婚。」這是人生一大憾事，所以「絕代紅妝」就是讓男人讀了可以多多瞭解女人、認識女人、尊重女人、疼惜女人，才不會只知道女人不是有多可愛，就是有多可怕；也讓現代的女性讀了可以多多瞭解歷代的名女人，她們是如何的善良、何等的勇敢、多麼的惡毒，在性格儼然、環境所逼、名利誘惑、情感驅使下，會做出甚麼樣的反應？不要自以為所有的女人都是弱者或都是強者，女性的特質絕不是用二分法就可以概括承受的。這本書中所推介的每一位紅妝，都是一面晶瑩剔透的明亮鏡子，「觀今宜鑑古，無古不成今」，這句話是很有道理的。

目次

目次

目次

目次

目次

目次

上篇

名花傾國兩相歡

1. 西陵姑娘蠶絲祖

我們現在穿絲披綢，覺得又柔軟又漂亮，可是誰也不會想到四五千年前首創養蠶繅絲的竟是一位年輕美麗的姑娘。

根據民間的傳說：距今四千五六百年前，在四川成都平原上有一個娟秀巧慧的姑娘，住在當時的西陵國嫘村山，由於她的父母體弱多病，她必須每天上山去採摘野菜山菓奉養雙親。有一天，她在一片樹林中採摘樹上的菓實，酸酸甜甜的，後人叫做「桑椹」，她發現樹上有很多毛毛蟲，而且吐出許多絲線，非常堅韌，又很輕巧，於是便把那後人叫做「蠶」的軟蟲捉回家去餵養，設法將它吐出來的絲線編織成布，做成衣服給父母披穿，她還毫不保留地把技巧轉告全村的同族，讓村人也都學會了養蠶取絲，不久，西陵國君也知道了，非常高興，不但通令全國跟她學習，而且收她為公主，取名嫘祖，或作累祖、雷祖，消息傳開，遠近的貴冑王子紛紛到西陵國來向嫘祖求婚，不過都被婉拒，最後有熊氏的黃帝也來求親，想不到嫘祖一見到軒昂挺拔的黃帝，立即芳心暗許，黃帝遂成了西陵國的駙馬，在成都平原度過了一段婚後的甜蜜生活。

黃帝和嫘祖成親的史事，在《世本》、《大戴禮記》、《史記》、《隋書・禮儀志》中都有記載，司馬遷云：「黃帝居軒轅之丘，而娶于西陵之女，是為嫘祖。」元代王禎農引用《淮南王蠶經》云：「西陵氏勸蠶稼，養蠶始此。」另外宋代羅泌撰《路史》也述及嫘祖云：「里稱其勤養蠶，育蠶種，親自採桑治絲，開創絲織事業，歷代皇帝將其供奉為蠶神。」《通鑒外紀》說：「西陵氏之女嫘祖為帝之妃，始教民育蠶，治絲羅以供衣服。」所載鑿鑿，言之不差。

嫘祖與黃帝婚後，據《史記》說他們生了兩個兒子，大兒子玄器，出生在青衣江邊，現今為四川樂山一帶；次子昌意，出生在若水之濱，亦即今日之四川西部的雅礱江畔。昌意長大後娶蜀山氏女為妻，生子高陽，繼承統治天下，就是五帝中的顓頊帝。在昌意出生後不久，黃帝即帶了嫘祖和兩個兒子回到有熊氏，於是嫘祖也就把養蠶治絲的技巧傳到了中原，這對中原民眾的生活品質，和往後文明程度的改善與提升，具有莫大的貢獻。

接著，黃帝的有熊氏聯合其他部落大敗蚩尤氏，成為天下的共主，嫘祖在黃帝身邊擔任了賢內助的皇后角色，她經常對子民們說：「農桑是立國的根本。」因此她親自帶領婦女上山採剝樹皮、編織麻網，教導養蠶繅絲，改善穿戴衣著，逐漸拋棄「茹毛飲血」的原始生活型態，而且她還幫黃帝訂立了家庭制度、婚嫁習俗，使人類社會開始步入倫理的雛型。

由於嫘祖首創人類養蠶和紡織的技術，造福萬民，澤披子民，因此被後人尊為「中國蠶神」、北周尊她為「先蠶」，就是開始養蠶之神。

嫘祖晚年曾隨黃帝到南方巡視，途中不幸病逝，臨終前要求黃帝把她運回故鄉四川鹽亭下葬，黃帝悲傷之餘，依囑將嫘祖安葬於鹽亭之青龍山。

現在四川省綿陽市鹽亭縣金雞鎮的青龍山還有一座「嫘祖陵」，每年有不少民眾前往參觀拜謁這位創造中國文明的「蠶神」。

2.

妹喜枉負亡夏名

從歷史上看來，中國最早而且有出土史料可考的夏、商、周（又分東周與西周）三個王朝，各領風騷數百年，但是末代的帝王夏桀、商紂、西周的幽王三個昏君竟不約而同地均亡於妹喜、妲己、褒姒三個美女之手，真是巧合。

有人說「歷史不會重演。」可是夏商周三代的敗亡歷史卻如同複印一樣，幾乎同出一轍。我們看《國語．晉語》的記載：「昔夏桀伐有施，有施人以妹喜妻焉。」「殷辛伐有蘇氏，有蘇以妲己妻焉。」「周幽王伐有褒，褒人以褒姒妻焉。」結果這貢獻的三位美女，都把寵愛她的帝王搞得七葷八素，意亂情迷，最後落得賠了國家政權、還丟了身家性命，你說怪不怪？

且說夏桀姒復癸在公元前一七八六年征伐位于今之山東省蒙陰縣境的有施部族，有施不敵，獻出牛馬以及族長的妹妹名叫妹喜的美人求和，桀王一見妹喜，就被她的嬌姿美貌所迷惑，當即帶了妺喜班師回朝，安置後宮，備加寵愛。

妺喜長得漂亮而且聰明，很懂得施展女性本能的特長，把一個雄赳赳的桀王擺佈得服服貼貼。據史載桀王力大無窮，魁梧軒昂，能夠空手把彎曲的鐵鈎拉直，然而在妺喜面前，他卻百般順從，體貼溫存，唯恐得不到美人的歡心。

桀王發覺妺喜對所住的宮殿陳設並不滿意，因此斥資建造「傾宮」、「瑤台」，還用玉石建成華麗的外瑤台，作為離宮，極盡奢侈之能事。劉向撰的《列女傳》載云：「桀日夜與妺喜及宮女飲酒，無有休時。置妺喜于膝上，聽用其言，昏亂失道，驕奢自恣。」由於桀王體格壯碩，孔武有力，而妺喜嬌小玲瓏，小鳥依人，被桀王抱住坐在大腿上，撒嬌扭捏、耳邊暱語、腮旁親吻、懷裡溫存，怎能不叫桀王言聽計從？怎能不昏庸亂政？

劉向還說：「為酒池，可以運舟，一鼓而牛飲者三千人。」另外《淮南子》也有「桀作瑤台，罷民力，殫民財，為酒池糟堤，縱靡靡之樂。」然而妺喜並不嗜酒，而是桀王自己好酒，牛飲不醉，完全忘了他的老祖宗夏禹疏遠造酒醪的臣子儀狄的往事。另有晉黃輔謐撰的《帝王世紀》云：「妺喜好聞裂繒之聲而笑，桀為發繒裂之，以順適其意。」這「酒池肉林」和「裂繒取樂」的奢侈惡行，幾乎與七百年後商紂討好寵妃妲己的行徑完全相同。史料記載顯有重複，正確性值得懷疑，在公元三千七百年前的綢繒尚極稀少珍貴，豈能任其無限撕裂？隔了七百年後的商紂裂繒討好妲己的可能性還大一些，反正這些行徑應是兩個男人自己荒淫無道的表現，後人卻把罪過推在兩個女人身上，似乎有欠公平。

至於夏桀囚殺忠臣關龍逢，也與妺喜無關，由於朝中賢良之士看不慣桀王這樣窮奢極侈，浪費無度，而且草菅人命，殺人如麻，關龍逢乃冒死直諫，激怒昏君，才遭毒手，並非妺喜與他有仇而唆使桀王殺之，史書把桀殺龍逢與後來的紂剮比干稱為「龍比事件」，妺喜與妲己只能說是間接影響，似無直接責任。

當然，像夏桀這樣荒唐下去，民眾豈能不發出「時日曷喪，吾與汝偕亡」的怒吼？於是周圍各部落乃聯合起兵，把桀王和妺喜用囚車放逐到南巢，沒有人知道後來他們是怎麼死的，但是妺喜卻背了史上首任「紅顏禍水」的惡名。

3.

妲己滅紂報族仇

在元公一千零四十七年前，商朝第三十二位帝王子辛，派兵征伐有蘇氏部族，大敗蘇氏於今之河南武陟一帶，有蘇氏族長蘇護獻女妲己求和，帝辛見妲己美艷如花，遂攜女班師回朝。這年帝辛已六十歲，他自二十歲登基稱王，在位四十年，《史記》說他「帝紂資辨捷疾，聞見甚敏，材力過人，手格猛獸，知足以拒諫，言足以飾非，矜人臣以能，高天下以聲，以為皆出己之下。」可見紂王是個剛愎自用，好大喜功的強人，雖已年屆花甲，依然「好酒淫樂，嬖於婦人。」據明代陳仲琳（或道士陸西星）著之《封神榜》中描寫紂王眼中的妲己是：「烏雲疊鬢，杏臉桃腮，淺淡春山，嬌柔腰柳，真似海棠醉日，梨花帶雨，不亞九天仙女下瑤池；月裡嫦娥離玉闕，妲己啟朱唇似一點櫻桃，舌尖上吐的是美孜孜一團和氣；轉秋波如雙彎鳳目，眼角裡送的是嬌滴滴萬種風情。」像這樣的一個十八歲美人兒，怎能不叫老紂王神魂顛倒、意亂情迷、寵幸有加呢？

紂王寵幸妲己，史書記載確實：《竹書紀年》：「殷辛九年，王師伐有蘇，獲妲己以歸。」另外《國語．晉語》也載：「殷辛伐有蘇氏，有蘇以妲己女焉。妲己有寵，於是乎與膠鬲比而亡殷。」不過後人總以為妲己姓蘇，名妲己，其實不然，《索隱》云：「己姓也，妲字也。」原來有蘇氏乃己姓之國，妲己係己姓之女，古時將姓氏列在名字之後，猶如西洋人之姓名排列，所以照現代的稱呼，妲己應叫做己妲。

後人批評妲己有三絕；美艷為第一絕、智巧為第二絕、狠毒為第三絕，真可謂是「絕代天嬌」，罕有其匹。她憑自己的花容月貌，搏得紂王的歡心；又靠撒嬌奉承的溫柔手段，獲得紂王的信任；然後運用智慧，借刀殺人，剷除賢良忠臣，使朝政大亂，以遂其顛覆殷商，以報族仇的心願。

《史記．殷本記》載：「紂王愛妲己，妲己之言是從，於是使師涓作新淫聲，北里之舞、靡靡之樂。厚賦稅以實鹿臺之錢，而盈鉅橋之粟；益收狗馬奇物，充斥宮室。」又曰：「以酒為池，懸肉為林，使男女裸相逐其間，為長夜之飲。」這還不算誇張，更狠毒的應是：

㈠妲己在樓上見人赤腳行走雪地，遂使紂王命人砍下路人的雙腳，看看與常人有何不同？何以不怕寒凍？

㈡慫恿紂王將膽敢死諫的忠臣比干予以開腔剖心，求證傳說中的「聖人之心有七竅」是否屬實。

㈢叫紂王將孕婦的肚子剖開看看腹中胎兒的狀況，血淋淋母子俱亡。

㈣教唆紂王置蠆盤，中盛毒蟲；設「炮烙之刑」，把犯人裸綁在熾熱的銅柱上，聽其慘吼悲號之聲，妲己聞之大樂。

㈤九侯之女應召入宮，妲己妒而殺之。九侯也遭醢刑，剁成肉醬分贈諸侯。

這些賬當然都記在紂王名下，於是周武王姬發宣佈紂王十大罪狀，聯合各路諸侯，起兵滅殷，紂王自焚而死，妲己被周武王所殺，但《世說新語》引孔融的說法是她被周公所收留，後成周公的侍姬，她總算替有蘇氏報了大仇。

4. 褒姒一笑值千金

大家都知道，褒姒是古史上的絕代冰霜美人、為了要溶化她的冷面酷顏，逗她嫣然一笑，竟斷送了周幽王的生命，製造了周朝裂解為東西周的分水嶺。

褒姒原是一個被遺棄的私生女，被一對老夫婦撿到，在褒國扶養長大。褒國是夏禹所封，也叫有褒，屬地在今之陝西褒城縣東南方。褒姒的褒字可以說是國名或族名，姒字是姓氏，她的身世故事，在明代余邵魚著的《列國志傳》、馮夢龍著的《新列國志》以及蔡元放著的《東周列國志》中都曾提及。

褒姒是一個美人胚子，蔡元放描寫她是：「論年紀雖才十四五歲，但身材長成，倒像十六七歲及笄的模樣，更兼目秀眉清，唇紅齒白，髮挽烏雲、指排削玉，有如花似月之容，傾國傾城之貌。」由於她自幼便是個孤兒，養父母生活艱苦，所以從小就未曾笑過，臉上總是冷若冰霜，反而顯出女性的矜持聖潔之美。據《國語・晉語》云：「周幽王伐有褒，褒人以褒姒女焉。」果如是，那麼就與妲己一樣，也是「般辛伐有蘇氏，有蘇以妲己女焉」的歷史重演了，不過在《東周列國志》中卻說是幽王驅逐忠臣趙叔，大夫褒眴進朝諫阻，激怒幽王，將褒眴打入天牢，其子洪德在鄉間發現一位汲水的美女，以重金購買獻給好色的幽王，以贖其父之罪，那個美女，就是褒姒。

幽王惑於褒姒之美，寵愛至極，總想逗她喜樂，使她滿意，盼她能夠展顏歡笑，雖然為了她而廢了申后和太子宜臼，封她為后，而且立她的兒子伯服為太子，她還是落落寡歡，未曾開顏一笑，幽王想盡方法，召樂工鳴鐘擊鼓，品竹彈絲，宮人歌舞進觴，她還是毫無悦色，後來聽她說「曾記得昔日聞手裂綵繒，其聲爽然可聽。」幽王立即命令司庫者日進綵繒百疋，使宮娥有力者裂之，撕成碎片，以取悦褒姒，結果是撕碎了幾百疋綢緞，褒姒聽那裂繒之聲，雖然覺得很爽，可惜臉上仍無笑意，這令幽王非常失望而懊惱。

周幽王為了滿足自已的色心，要讓褒姒嫣然一笑，無非是淫蕩的慾望使然，這種色慾的爆發力很驚人，為了達到目的，往往不計後果，因此幽王才有懸賞千金買笑的舉措，偏偏朝中就有一位馬屁精號石父想出了一個餿主意；舉烽火戲弄諸侯，定能博她一粲！

《東周列國志》有這樣的敍述：「於是大舉烽火，復擂起大鼓，鼓聲如雷，火光燭天，畿內諸侯疑鎬京有變，一個個即時領兵點將，連夜趕至驪山，但聞樓閣管籥之音，幽王與褒姒飲酒作樂，使人謝諸侯曰：『幸無外寇，不勞跋涉。』諸侯面面相覷，捲旗而回，褒姒在樓上憑欄望見諸侯忙來忙回，道無一事，不覺撫掌大笑，幽王曰：『愛卿一笑，百媚俱生，此虢石父之功也。』遂以千金賞之。至今俗語相傳：『千金買笑』，蓋本於此。」公元前七七一年，被廢申后的父親申侯聯合繒國和犬戎進攻鎬京，幽王急令點燃烽火求救，附近諸侯望見烽火，以為又是要博褒姒一笑，大家都按兵不動，結果鎬京被佔，幽王和太子伯服被犬戎所殺，褒姒被擄走，下落不明，西周就此滅亡。

幽王之死與西周之亡，責任在誰？能怪褒姒嗎？她只是一個冰霜美人啊！

5. 驪姬亂晉三十年

歷史的長河，好像都有相似的波濤，一波接一波，古代各國互相征伐併呑，強者除了兼併土地財畜之外，就是擄回弱國的美女，以充後宮縱慾享樂之用，然而，就由於那些絕代天嬌，弄得強者國破人亡，夏商周三代如此，晉獻公征伐驪戎，帶回驪國君主的兩個姐妹花，也就是重蹈覆轍的典型例子。

公元前六六三年，晉伐驪戎，驪戎獻二女和親，好色的晉獻公看到驪姬和少姬兩姐妹美貌如花、嬌艷欲滴，不勝喜悅，遂攜返納入後宮，備受寵幸。

兩姐妹不但外貌姣媚，而且內心狡黠，像兩朵有毒的鮮花，插在那裡，那裡遭殃，晉獻公迷於肉慾、惑於美色，左擁右抱，樂不可支，遑顧其他？

驪姬兩姐妹的妖嬌媚艷，把晉獻公迷惑得神昏顛倒，寸步不離，見不到她們，飯也吃不下，覺也睡不著，不久，驪姬生下一子，叫奚齊；妹妹少姬也生一子，叫卓子，有了兒子，她們更顯嬌貴，在宮中的地位更加突出。

原先，晉獻公已有三個兒子，一個叫申生，已封為太子，另外一個叫重耳、一個叫夷吾。驪姬心狠手辣，慾望無窮，運用手段拉攏一些佞臣，向晉獻公進讒，將太子申生派去曲沃守祖陵、重耳去蒲城、夷吾去屈城，分解了三兄弟的力量，然後利用太子申生呈送祭品給晉獻公時，暗地將毒藥加入酒肉中，晉獻公正要喝下，她連忙阻止，先潑地上，地上冒煙；給狗吃，狗死掉，獻公大驚，而驪姬大哭：「太子何忍也？」消息傳到曲沃，旁人勸太子回去向獻公當面說清楚，太子忠厚，明知是驪姬下毒嫁禍，反覺得父王已老，離不開驪姬，寧可自認倒楣，逃到新城自殺而亡，驪姬又向獻公哭訴，說是太子畏罪自殺，可見三兄弟居心叵測，今後她們姐妹倆母子恐怕都難逃毒手，獻公被入情合理的說詞所打動，不加考慮，就貶了重耳和夷吾，冊立驪姬的兒子奚齊做太子。為了斬草除根，驪姬非得殺掉重耳和夷吾不可，嚇得兩兄弟連夜逃往國外，才算保住性命。

這一來，驪姬的阻礙已經逐步剷除，接下來就是拉攏朝中重臣大老，高抬太子奚齊的身份，太子雖然還小，卻說得他如何如何聰明乖巧，讓獻公心愛不已，以為前面三個兒子都是叛逆不孝的孽子，只有奚齊才是真正可靠的接班人。

正當驪姬姐妹春風得意，前途似錦的時候，獻公六十九歲這年一病不治，舉喪期間，驪姬和大臣就擁立十一歲的太子奚齊就位，以為自己從此就可以國母之尊，垂簾聽政了，豈料朝臣不服，有人當場把奚齊砍殺，冷靜的驪姬悲傷之餘，並不慌亂，立即召集大臣商議，馬上改立妹妹少姬的兒子卓子為君，在獻公下葬的葬禮上，原先忠於太子申生的臣子們又將卓子殺死，並剷除驪姬姐妹的黨羽，驪姬被追到河邊，只得跳河自盡，還是被撈起來砍頭洩恨。於是群臣派人去國外迎接公子夷吾回國即位，是為晉惠公，但是不久病逝，由其子繼任，是為晉懷公，這時秦國又支持逃亡該國的公子重耳回國推翻晉懷公的政權，接任君王，是為晉文公。這晉文公總算穩住了晉國政局，後來成為五霸之一。

驪姬姐妹隻身入晉，憑藉她們如花的美貌和蛇蠍的心腸，把晉國搞亂三十年，更迭五個君王，因政爭遇害被殺的大臣不計其數，的確可稱為絕代天嬌。

6. 妖魅無雙是夏姬

春秋時代，鄭穆公有個女兒，長得亭亭玉立，細腰翹臀，蛾眉鳳眼，銀牙桃腮，天生一副迷人的妖艷、悅耳的嬌聲、攝人的媚態、淫蕩的性情，在做姑娘期間，就和自己的庶兄公子蠻發生了不尋常的關係，不久公子蠻突然猝死，她就嫁給了陳國陳定公的孫子夏御叔，因此史上就稱她為「夏姬」。

夏御叔在陳國株林有一幢豪華別墅，風光旖旎、氣候宜人，他和美嬌娘過著新婚燕爾的日子，但是還不到九個月，就生下了一個胖小子，取名夏徵舒。夏御叔心中縱有疑竇，卻昧於夏姬的美貌溫存，也就不加追究。

夏御叔是陳國大夫，朝中同僚孔寧、儀行父等經常到株林別墅來飲酒聊天，由於夏姬的千嬌百媚，而且對客人殷勤接待，同僚莫不由衷羨慕。不料年輕力壯的夏御叔，竟然一病猝死，使美艷如花的夏姬成了年輕的孀婦。

但是，夏姬就像一枝伸向牆外的紅杏，迎風招展，引人注目，丈夫昔日的同僚孔寧和儀行父，藉故經常來到株林別墅，夏姬正苦於孤寂難耐，對這兩位大夫的關懷，當然熱情款待，沒有多久，乾柴烈火就擦出了火花，孔寧捷足先登，拔得頭籌，在繡榻上取了一件夏姬的錦襠穿在身上，向好友儀行父誇耀，儀行父又妒又氣，於是也走動更勤，夏姬看他身材偉碩，鼻準丰隆，芳心早已暗許，自然一拍即合，如魚得水，儀行父也要了一件紀念品，那是夏姬身上的碧羅襦，他高興地也向孔寧炫耀，孔寧自認沒有儀行父帥氣，難免妒恨交加，心生一計，單獨在陳靈公面前宣揚夏姬的美艷風騷和床笫功夫，聽得年輕好色的陳靈公口水都快滴下來，於是在孔寧引車牽馬的介紹下，陳靈公也成了株林別墅的入幕佳賓、上榻暱客。就這樣，夏姬把陳國三個君臣同時玩弄於裙裾之下。

其實這時夏姬已經接近四十歲，她的兒子夏徵舒也十六七歲了，但是她卻依然肌膚柔膩、眸光吸人、雲鬢霧鬢、嫵媚婀娜，三個大男人被迷得神魂顛倒，忘了君臣身份，不知人倫廉恥，終於激怒了血氣方剛的兒子夏徵舒，他一箭把陳靈公射死，孔寧和儀行父嚇得連夜逃往楚國，夏徵舒就和大臣們商議立太子午為陳侯，只有一年，便被楚莊王所滅，殺死陳侯和夏徵舒，俘虜了夏姬，楚莊王也被她的美色嬌姿所惑，幾乎想把她留在後宮，朝中將軍子反，也想娶夏姬為妻，後來楚莊王接納朝臣申公巫臣的諫勸，割愛將夏姬嫁給老將軍連尹襄做續紘夫人，婚後不久，連尹襄就戰死在邲，夏姬竟和老將軍的兒子黑要勾搭上了，申公巫臣從中阻撓，勸告夏姬暫回娘家鄭國，等待他的安排。

原來巫臣也被夏姬的嫵媚所迷，暗戀已久，楚恭王即位後，他爭取出使齊國之便，派人去鄭國迎娶夏姬，辭去大使的職務，帶了夏姬到晉國去出仕，這時楚國將軍子反對巫臣妒恨在心，遂聯絡和巫臣有嫌隙的子重、與夏姬有私的黑要，把巫臣留在楚國的家人殺光，巫臣悲憤不已，獻謀幫助吳國打敗楚國，以報家仇。

從十六歲到四十八歲，夏姬曾經迷殺三夫一君一子，亡掉一國兩卿，劉向在《列女傳》中云：「三為王后、七為夫人，公侯爭之，莫不迷惑失意。」自古迄今，像夏姬這樣妖魅惑眾的女人，影響之大，牽涉之廣，還找不出第二人。

7. 西施宜笑復宜顰

「艷色天下重，西施寧久微。朝為越溪女，暮作吳宮妃，賤日豈殊眾，貴來方悟稀。邀人敷脂粉，不自著羅衣。君寵益驕態，君憐無是非。當時浣紗伴，莫得同車歸，持謝鄰家子，效顰安可希？」這是王維的《西施咏》，把西施生平作了大概的敍述，他另有七言詩描寫西施：「誰憐越女顏如玉，貧賤江頭自浣紗。」不錯，西施本名施夷光，她是春秋末期浙江苧蘿山人，山下有東西二村，大都姓施，她家住西村，故名西施。

西施從小就經常和同村女郎在江邊浣紗採蓮，受到山川毓秀的淘冶，成長得亭亭玉立，紅顏花貌，據說江裡的魚看見了她，立刻羞愧得沉下水底，因此被譽為「沉魚美人」。當時，越國被吳王夫差所滅，越王聽從大夫文種的計謀，利用吳王淫而好色的缺點，挑選美女西施和鄭旦，由大夫范蠡以三年的時間，細心培訓，然後獻給吳王，夫差遂被迷惑，為西施建館娃閣、響屧廊、玩月池、西施洞、撫琴台、採香徑、消夏灣，沉淪於歌舞酒色之中，重用佞臣，戳殺忠良，終被越王所滅，西施被稱為「美女間諜」，後來隨范蠡浪跡五湖，經商致富，在山東定陶西北方的陶山定居，隱姓埋名，居民稱其夫為陶朱公，西施遂成為富婆。

其實，西施被挑選為美女間諜之後，是歷經三年嚴格的政治教育和歌舞訓練，才獻給吳王，並非王維所說「朝為越溪女，暮作吳宮妃」那麼容易，她不但被訓練成絕佳的歌舞技藝、嫵媚的迷人妖嬈、更灌輸了堅定的愛國思想，肩負摧毀吳國的神聖使命，要不是范蠡培訓得宜，西施在吳王言聽計從、悉心寵愛之下，換做另一位女人，恐怕早已被眼前的寵幸驕奢而拋棄了使命，那裡還會存有反吳復越的念頭？所以史上公認西施為四大美人之首，並不是沒有道理的。

《管子》：「毛嬙西施，天下之美人也。」《慎子》：「毛嬙西施，天下之至姣也。」周興嗣《千字文》：「毛施淑姿，工顰妍笑。」所指的毛嬙，是越王勾踐的愛妾，雖然姿容並不亞於西施，但是沒有甚麼貢獻，所以名氣就差得很遠。到底西施美到甚麼程度呢？《淮南子》云：「曼容皓齒，形姱骨佳，不待敷粉芳澤而美者，西施陽文也。」清代詩人周濟云：「毛嬙西施，天下美婦人也，嚴妝佳，淡妝亦佳，粗服亂頭，不掩國色。」又《淮南子齊俗篇》曰：「待西施毛嬙而為配，則終身不家矣。」意思是說如果想要遇到像西施毛嬙那樣漂亮的女人才結婚，那你一輩子也別想成家，由此可以想見其姿容之美，應是天下無雙。

我們再來看看詩人如何形容西施：李白《西施詩》云：「秀月掩今古，荷花羞玉顏。」又說：「西施宜笑復宜顰，醜女效之徒累身。」蘇軾詩云：「欲把西湖比西子，淡妝濃抹總相宜。」這種說法與周濟的觀點相同。清朱彝尊《越江調》：「山圍江郭水平沙，過雨輕舟泛若耶。一自西施採蓮後，越中生女盡如花。」可以想像到文人采筆下所形容的西施容貌是多麼的嫵媚。

據說吳王因寵愛西施而遭殺身滅國之禍，吳人都責怨西施陰險寡情，但是唐代詩人羅隱卻為西施打抱不平：「家國興亡自有時，吳人何必怨西施？西施若解傾吳國，越國亡來又是誰？」吳人讀了這首詩，心中的怨氣應該會消除不少。

8. 第一醜女推嫫母

鄭谷《閑題》詩云：「若教嫫母臨明鏡，也道不勞紅粉施。」意指醜陋無比的嫫母如果照鏡子，就是塗脂抹粉也沒有用，但是《淮南子》說：「嫫母有所美，西施有所醜。」東漢的高誘注曰：「嫫母，古之醜女，而行貞正，故曰有所美。」外表雖然奇醜，而內心良善，所謂內在美可以彌補外在美之不足，仍不失為一個值得敬重之女人也。

據傳嫫母實在醜得不像話，形同夜叉，其貌驚人，然而她卻是黃帝的第四位妃子，嫘祖為正室，其次是方雷氏、彤魚氏。本來黃帝只有三個妃子，由於當時族中流行「搶婚」習俗，比較漂亮的女子往往被男方搶去，容貌較醜的姑娘就沒有人要，甚至一輩子嫁不掉，黃帝為了要打破這項惡習，以身作則，派人四處探尋最醜而品行賢淑的女子，娶作第四房，結果被找到的就是嫫母。

在公元前五千年左右，黃帝就說過：「重美貌不重德者，非真美也；重德輕色者，才是真賢。」果然，嫫母的賢慧溫柔，謙恭勤勞，對黃帝幫了不少忙，在四房之間，她保持了最低的姿勢，使得黃帝的後宮始終融洽和睦，親如姊妹。

很快地，嫫母的德行就傳遍遐邇，成為當時婦女的楷模，也使那些長得不漂亮的姑娘，開始行情看漲，有人求親。所以後來《楚辭．九章》有這樣的讚詞：「妒佳冶之芬芳兮，嫫母姣而自好。」晉代嵇康的《養生論》中說若要健康長壽，必須「使西施出帷，嫫母侍側。」這與《朱子家訓》所云：「妻美妾嬌，非閨房之福」的意思很近似，仔細想想，這些話對男人來說，的確是很有道理的。

傳說嫫母因為自知貌醜，所以很少「臨淵取捏」。當時尚無鏡子，愛俏的女孩都是跑到水池邊去「鑒于水」，藉水面倒影來整理自已的儀容髮鬢，嫫母有自知之明，絕不在水邊逗留，每天都埋頭幹活，有一次她在挖地時發現一塊平滑的石片，在太陽照耀下閃著反光，她抹掉塵土，突然在石片上看到了自已的容貌，把她嚇了一跳，於是就把石片悄悄地藏在房裡，偶爾把它擦亮之後照照自己，把自已的亂髮蓬鬢整理一番，只是不久就被方雷氏發覺了，彤魚氏和大姐嫘祖也都知道了，覺得用磨光的石片比跑到水邊去照影子要方便而且清晰多了，當然黃帝很重視嫫母這項發明，於是廣為宣揚，中華民族先民使用鏡子的歷史就從此時開始了，《物原》上記載說：「軒轅作鏡。」《軒轅傳》也載：「帝會王母，鑄鏡十二，隨用而用。」等到冶鍊技術成功後，才由石鏡演進到鐵鏡、銅鏡，從出土的文物中可以追溯到四五千年前的先民生活情狀。

嫫母雖醜，可是她賢慧，還發明了鏡子，在幕後幫助黃帝統一中原，令後人推崇不已，漢王子淵在《四子講德論》中說：「嫫母倭傀，善譽者不能掩其醜。」可見女人縱然美如天仙，如果內心狠毒淫蕩，更易翻雲覆雨、誤己害人；如果其貌不揚，醜陋不堪，可是她心存慈悲、秉性賢淑，必定可以幫助男人功成名就、康強長壽，遺憾的是古今中外，好色的男人多而好德的男人少，重外表而輕內涵，貪美色而忽品性，以致釀成多少是非、製造多少悲劇，這種現象，顯然已成人類天性，要想更改過來，學習黃帝的胸襟，恐怕很難很難。

9. 極醜無雙鍾離春

鍾離春，戰國時代齊國無鹽人，即今之山東東平縣，所以也叫鍾無鹽或鍾無艷，由於她長得實在太醜，但是卻智勇雙全，成為歷史上的四大醜女之一。據劉向在《列女傳》中描寫她的容貌是：「其為人也，極醜無雙：臼頭、深目、長壯、大節、卬鼻、結喉、肥項、少髮、折腰、突胸、皮膚若漆。」像這種容貌身材的婦人，真可說是其醜無比，世間罕見，難怪史載她「行年四十，無所容入，衒嫁不售，流棄莫執。」一般說來，這樣的婦人，必定是人見人厭、孤獨終生、顛沛流離、淪為游民，但是鍾離春卻憑藉她的口才、智慧、見識與勇氣，居然使齊宣王立其為后，烏鴉變鳳凰、醜女變皇后，古今中外歷史上找不出第二人。

無鹽自知醜陋，無法以貌奪人，因而致力於知識吸收，博聞廣記，留心朝政，放眼國際，傳說她還練就一身硬功夫，刀劍拳腳，都甚了得，只是外貌害苦了她，懷才不遇，四十歲了還嫁不出去，叫她怎不心慌情急？

大概是到了非要拚搏賭注一下不可的關頭了，她胸有成竹，選定齊宣王在漸台和朝臣飲酒作樂的這一天，來到宮前要求守衛向宣王通報說：「妾齊之不售女也，聞君王之聖德，願備後宮之掃除，頓首司馬門外，惟王幸許之。」左右臣子們見狀莫不掩口嗤笑，都覺得這個醜女一定是想嫁丈夫想瘋了，竟來找宣王自薦枕蓆，那宣王微酣之際，一時興起，就傳令讓鐘離春進殿來到漸台，笑著問她憑甚麼條件想要進宮？

鍾離春揚目銜齒、舉手拊膝，一口氣說了四次「殆哉！殆哉！」

她警告齊宣王危險啊！危險啊！使齊宣王大感訝異，認真追問危險何在？她就口若懸河，把齊國當前的處境和國內的腐敗程度舉出四大危機，如不立即改善，勢將城破國亡，聽得宣王一身冷汗，大為歎服，認為鍾離春的確點出了齊國的危機，如雷貫頂，聞所未聞，使他恍然大悟，感慨地說：「痛乎無鹽君之言，乃今一聞！」於是下令拆漸台、罷女樂、退諂諛、去雕琢、選兵馬、實府庫、四辟公門、招進直言、延及側陋，而且卜擇吉日，冊封太子，進謁慈母，拜鍾離春為后，齊國大治，萬民稱慶。

這個醜婦，確實有她一套本領，絕非一般人所能及，是以史上多有著墨，詩人李端有詩云：「人生照鏡須自知，無鹽何用妒西施？」外貌妍醜，各有不同，只要有真才實學，用不著妒忌別人貌美。李白也有詩云：「清鏡燭無鹽，顧慚西子妍。」其意亦同。諺有「無鹽娘娘真難看，保著齊王坐江山。」元代劇作家鄭光祖編有《鍾離春智勇定齊》，把她的膽識、智慧、勇敢描述得更誇張。

據傳後來齊宣王又寵愛一個貌美妃子叫夏迎春，因而民間流傳兩句諺語：「有事鍾無鹽，無事夏迎春。」這是諷刺齊宣王的意思，不過，另有兩句話倒說得非常有見地：「醜女往往會改造男人，美女往往會腐化男人。」

明代鴻儒呂坤對鍾離春的評語說得很中肯：「無鹽色為天下棄，而德為萬乘尊，亦大奇哉！世之婦女，醜未必無鹽，而為夫所棄者，亦當自反矣，以無鹽之陋，出切直之語，而齊王猶尊寵之，狂惑之夫，不受婦人之諫者，當亦自愧矣！」

10. 慷慨悲歌虞美人

在英雄的身邊，必定有美人；但是在美人的身旁，不一定都是英雄。

西楚霸王項羽，力可拔山、氣可蓋世，起兵八載，經七十餘戰，所當者破，所擊者服，未嘗敗北，他身邊就跟著一位虞美人。

當漢軍兵圍垓下，項羽兵少食盡，夜間聞漢軍四面皆楚歌時，司馬遷在《史記》中寫得傳神：「項王乃大驚曰：『漢皆已得楚乎？是何楚人之多也？』項王則夜起，飲帳中。有美人名虞，常幸從，駿馬名騅，常騎之，於是項王乃悲歌慷慨，自為詩曰：『力拔山兮氣蓋世，時不利兮騅不逝，騅不逝兮可奈何，虞兮虞兮奈若何！』歌數闋，美人和之。」《楚漢春秋》載虞美人和歌曰：「漢兵已略地，四方楚歌聲，大王意氣盡，賤妾何聊生？」於是虞美人舞罷遂自刎而亡。

這位虞美人，史上並無著墨，但僅憑《前漢書》卷三十一云：「帳中有美人姓虞氏，常幸從駿馬名騅，常騎。」以及項王歌曰「虞兮虞兮奈若何」這幾句，即可確定她應該是一位絕代紅妝，秀麗佳人，而且節烈賢淑，忠貞果敢的女子，否則也不會瞭解到項王歌詞中的意思，就自己先行自刎了斷，免得項王牽掛拖累。

女子艷麗又有節義，實在難能可貴，許多佳人美則美矣，奈何水性楊花，隨風飄盪，如項王之虞妃者，殊屬女中精英、異類嬌娃，難怪後代文人，時有褒揚，或詩或詞，極多佳構，如唐宋八大詩人之一的曾鞏就寫了一首《虞美人草詩》，長二十句，中有「英雄本學萬人敵，何用屑屑悲紅妝？三軍散盡旌旗倒，玉帳佳人坐中老。香魂夜逐劍光飛，青血化為原上草。芳心寂寞寄寒枝，舊曲聞來似斂眉，哀怨徘徊愁不語，恰如初聽楚歌時。」把當時的情況寫得很傳神。

自從有了項王口中的虞美人，後世遂有虞美人曲、虞美人操、虞美人詩、虞美人詞、虞美人草，其中最傳奇的是虞美人草，據《古今詞話》中載：「益州記曰：雅州出虞美人草，唱虞美人曲，則隨風而舞，且應拍者。」甚至還說是虞美人自刎時「青血化為原上草」。其實所謂虞美人草，是罌粟科草本，高一二尺，初夏開花，花冠四瓣，有紫、紅、白等色，極為艷麗，別名賽牡丹、麗春花、仙人草、蝴蝶滿園春等，開花時姿態蔥秀，裊娜娉娉，因風起舞，如彩蝶展翅，狀極美妙，後人感念虞美人，幻想她在帳中翩翩起舞之神態，遂以該草名焉。

又《詞譜》中載唐教坊曲、樂府雅詞亦有「虞美人」，最初是咏唱項王所寵之虞妃，後來遂作為詞曲名，固定雙調、五十六字、八句，相沿已千餘年矣。

寫《虞美人詞》的詞家很多，最膾炙人口的當推南唐後主李煜的「春花秋月何時了，往事知多少？」附會風雅的毛澤東也填過一闋《虞美人》詞云：「堆來枕上愁何狀？江海翻波浪。夜長天色怎難明？無奈披衣起坐薄寒中。曉來萬念皆灰燼，倦極身無憑，一彎淺月向西流，對此不抛眼淚也無由。」強說愁、硬堆砌，真是依樣畫葫蘆，結果卻畫出一把瓢來。

清代詩人吳偉業有一首《虞兮詩》：「千夫辟易楚重瞳，仁敬居然百戰中。博得美人心肯死，項王此處是英雄。」史傳項羽重瞳，打著仁敬的旗號起兵，能夠讓虞美人為他而伏劍，才不愧是個英雄，吳偉業把楚霸王批評得太苛刻了。

11. 陰狠毒辣漢呂后

放眼歷朝皇后群中，真正控制朝廷、掌握大權的有三位；漢代呂后最權謀狠毒、唐代武則天最有野心、清代慈禧太后則最冥頑固執。

呂后，名雉，字娥姁，山東單縣人。早年其父因避仇移居沛縣，得識劉邦，遂將呂雉許配給他，婚後生子劉盈、女魯元。劉邦起義，楚漢紛爭，終於打敗了楚霸王項羽，建立大漢王朝，呂雉入主後宮，是為中國史上第一位皇后。

劉邦長年征戰在外，隨軍營帳中少不了紅粉知已，如薄姬、戚姬、曹姬等佳人陪伴侍候，這些姬妾先後也為他生下了七個兒子，劉邦登基稱帝後，兒女們自然都是王子公主，如呂雉的兒子劉盈是東宮太子、女兒是魯元公主；戚姬的兒子劉如意封為趙王；薄姬的兒子劉恆封為代王等等，這當中劉邦唯獨最寵愛戚姬和她的兒子如意，他覺得太子劉盈的個性太仁慈懦弱，只有劉如意很像他的性格，因此很想改立劉如意為太子，經朝中大臣勸阻，才告作罷，但是已鑄成了呂后視戚姬母子如眼中釘，暗仇深結，懷恨不已。

呂雉是個深謀遠慮、陰狠毒辣的女人，為了保護自己的權益，她是不擇手段的，所以漢初功臣死在她手下的難以計數，嚴格說起來，劉邦也是被她害死的，當淮南王黥布反叛的急報傳到長安時，劉邦正在病中，原本是派遣太子劉盈領軍去平亂，呂后私心作用，哭哭啼啼地要求劉邦不要讓兒子上戰場，劉邦無奈，只好御駕親征，叛亂是平定了，但是他身中流矢，回宮後傷口潰爛，拖了三個月而崩殂，如果劉邦沒有親征，也不至於才六十三歲就死掉，這不是呂后害的麼？

當劉邦死後，十七歲的太子劉盈即位，是為孝惠帝，這時呂雉身為帝母，大權在握，生殺予奪，先要拔掉眼中釘，《史記呂后傳》云：「呂后最恨戚夫人及其子趙王，乃令永巷囚夫人，而召趙王，使人持酖飲之。太后遂斷戚夫人手足，去眼、煇耳、飲瘖藥，使居廁中，命曰『人彘』。」這種酷刑，真是慘無人道，既毒殺其子，又凌遲其母，如此陰狠惡毒的手段，豈是婦道人家所能想像？不但如此，《史記》還說：「居數日，乃召孝惠帝觀人彘，孝惠見問，乃知其為戚夫人，乃大哭，因病，歲餘不能起，使人請太后曰：『此非人所為，臣為太后子，終不能治天下。』孝惠自此日飲淫樂，不聽政，故有病也。」孝惠帝受「人彘」刺激，不滿二十三歲就悒鬱以終，換言之，也就是被他親娘呂雉害死了。

此外，齊王韓信、梁王彭越，以及劉邦諸姬所生的骨肉，莫不被呂雉先後誅殺，然後大封娘家諸呂為王為侯，掌握軍權。親子孝惠帝死後，她選了一個孝惠帝與後宮美人所生的小孩劉恭，先殺其母，再立其為少帝，劉恭年幼無知，無意間露了怨言，立即被呂后所幽殺，這是她的親孫子，後來另立常山王劉弘為帝，也是小孩，所以實際上都是呂后篡權，長達十六年，可說是中國歷史上第一位女皇帝，而劉邦祖孫三代都死在她的手中，這個女人也真是夠狠夠毒！

呂后餓死趙王友、殺害燕王建之後，適逢長安日蝕，白晝如夜，她心中頗感不安，於是上廟祭神，還過軹道，見物如蒼犬撲咬其腋，痛甚。求卜占卦，說是趙王如意作祟，因而病痛加劇，拖了四個月，終於結束了這個狠毒婦人的一生。

12. 篡漢推手王政君

漢代美女王昭君和番的悱惻故事，幾乎家喻戶曉；但是對那個與王昭君姓名僅有一字之差的王政君，大家的印象似乎並不深刻。

提起王政君，在漢史上是個大有來頭的美女，她的父親王禁，母李氏，家住魏郡元城，十四歲時已如一朵含苞待放的玫瑰，美冠鄉里，先許配朱家，未婚而對象病故；十五歲時被東平王聘為姬妾，尚未過門而東平王就死了，王禁發覺此女命中帶煞，乃訓練她歌舞技藝，美容儀態，出落得更為標緻嫵媚，適逢皇宮選美，王禁的女兒姿色出眾，遂被選送入宮。

這時是漢宣帝在位，太子劉奭的愛姬司馬良娣病故，鬱鬱寡歡，皇后就從新選入宮的宮女中挑選五個送給太子解悶，王政君也是其中之一，也該是時來運轉，太子隨便要了一個，竟是王政君，遂成了太子妃，更巧的是居然不久就有了孕，而且生下一個男嬰，宣帝有了皇孫，當然高興，親自命名為劉驁，字太孫，經常帶在身邊含飴弄孫。

三年後，宣帝崩，劉奭即位為漢元帝，王政君自然升為皇后，她的運氣，從當皇后之日起，就一路飛黃騰達起來。

漢元帝後來又寵愛傅昭儀，生個兒子劉康，封為定陶王，一度還想以劉康更替劉驁做太子，幸虧王政君和她的大哥王鳳以及史丹等人力阻，才沒有更換太子。所以漢元帝四十四歲駕崩後，太子劉驁登基，是為漢成帝，這時王政君自然當上了皇太后，成帝很聽從母后的話，把王政君娘家的兄弟統統拔擢重用，她有七個兄弟，聖旨下達，一天之內同時封五個王家兄弟為侯；王譚為平阿侯、王商為成都侯、王立為紅陽侯、王根為曲陽侯、王逢時為高平侯，世稱「一日五侯」，還有大哥王鳳為司馬大將軍、同母弟王崇為安成侯，反正與王政君娘家沾親帶故的阿貓阿狗，都平步青雲，高冠陪輦，權傾天下，位滿朝廷，王政君實實在在為劉漢政權引進了一大批豺狼虎豹，雄據軍政要津。

王政君把自己娘家兄弟親戚照顧得無微不至，她本來還有一個小弟叫王曼，因為死得太早，只好追封為新都哀侯，王曼有個兒子叫王莽，遂繼承為新都侯，王政君對侄兒王莽疼愛備至，另眼相待，王莽年輕有為，奮發上進，恭謙良順，風評極佳，做姑母的皇太后王政君自然也很高興。

只是漢成帝劉驁無嗣，身體又弱，這時傅昭儀遂賄賂曲陽侯王根，向皇太后推舉定陶恭王的兒子劉欣為太子，不久成帝病死，劉欣繼位為哀帝，王政君又升一級為太皇太后，不久哀帝尚無子嗣而亡，王政君詔王莽為大司馬，奉中山王劉衎為漢平帝，平帝十四歲生日時喝了一杯王莽親獻的壽酒，第二天就死掉了，王莽就在劉氏宗室中找了一個才兩歲的孺子嬰出來當皇帝，由他輔政，自稱是「假皇帝」，這時，王莽的真正面目流露出來了，他的野心讓王政君大為吃驚。然而王氏兄弟子侄早已經把漢室架空了，他們製造了輿論，說王莽是真命天子，當王莽向王政君強索皇帝玉璽時，王政君氣得將玉璽丟在地上，西漢就這樣被王政君栽培的王莽所篡，改國號為「新」，她被更名為「新室文母皇太后。」

13. 姐妹花迷殺成帝

「一支紅艷露凝香，雲雨巫山枉斷腸，借問漢宮誰得似？可憐飛燕倚新妝。」這首李白的《清平調》，咏的就是漢成帝寵愛趙飛燕和趙合德孿生姐妹花的故事，可憐的該是花癡般的漢成帝劉驁，竟然命喪姐妹花的肚皮上，「雲雨巫山枉斷腸」，這句寫的就是漢成帝。

趙飛燕和趙合德是一對孿生姐妹花，父親趙臨，是官府家奴，養不活雙胞胎，所以趙飛燕從小就被賣給陽阿公主府中做歌舞伎，憑她長相婀娜姣媚、天資黠慧，很快就出類拔萃。十六歲這年，漢成帝有一天到陽阿公主府上做客，公主把府中歌伎集合起來獻藝娛賓，漢成帝是個好色鬼，一看到趙飛燕的艷舞清歌、媚眼嬌姿，就被迷惑了，當天就把她帶回宮去，別看她小小年紀，知道這是烏鴉變鳳凰的大好時機，立即施展出全身迷術，欲拒還迎、軟拖柔延，色鬼被折騰了三個長夜，熬到第四夜，劉驁幾乎要抓狂了，她才含淚獻身，讓色鬼銷魂蝕骨，意亂情迷，從此遂墮入她的情網中，難以脫身。

趙飛燕白天裡以歌聲舞姿滿足漢成帝的心理慾望；夜裡以肉體淫技迷惑漢成帝的生理慾望，把一個盛年壯碩的劉驁，玩弄在她的溫柔鄉裡，神魂顛倒。

為了要牢牢抓住成帝的心，控制他的性，防止他被宮內別的美人所惑，趙飛燕心生一計，將嬌美依人的同胞妹妹趙合德引進皇宮，色鬼劉驁一見，驚為天人，垂涎三尺，立即愛上了她。於是，這一對姐妹花，就專門研究如何取悅皇上，如何迷惑皇上，劉驁左擁右抱，完全被情絲慾網所綑而不自知。

這姐妹花把皇上迷得暈頭轉向的時候，又在宮中散佈謠言，說許皇后施蠱用巫，冒犯大不諱，皇上大怒，下詔廢掉皇后，貶掉班婕妤，封趙飛燕為后、趙合德為婕妤，於是兩姐妹得遂心願，橫行內宮，為所欲為，接著就是想生一兩個皇子，以便繼承皇位，可惜兩姐妹始終沒有懷孕，其間姐姐還假裝有孕，然後設法弄一個男嬰入宮冒充，只是功敗垂成，不得不放棄，於是就與幾個年輕侍郎私通，穢亂宮廷，仍然沒有受孕，乃嚴控後宮其他宮女懷孕，只要風聞那一位宮女害喜，她們就毫不留情地將母子一併處死，史上這樣記載：「生下者輒殺，墮胎無數。」例如宮女曹教習生一男，母子均被趙合德逼死；許美人生一子，趙合德便哭鬧尋死，迫得成帝賜死母子，兩姐妹不准別的女人懷孕，自己卻不能受孕，硬是把劉驁絕了嗣、斷了代，那花癡劉驁，依然糊里糊塗地迷惑在溫柔鄉中。

當時，長安城內就流傳著一首民謠：「燕燕，尾涎涎；張公子，時相見。木門倉琅琅；燕飛來，啄皇孫；皇孫死，燕啄矢。」

眼看後繼無嗣，趙飛燕姐妹只好接受定陶王太后傅氏的賄賂，向劉驁推薦同宗劉欣為太子。公元前七年三月十八日，正是春暖花開時節，劉驁服用過量春藥，和趙合德連番酣戰，得了「馬上風」而死，才四十六歲，皇太后下旨徹查死因，趙合德自知劫數難逃，遂即自殺，姐姐挨了幾年，被太皇太后王政君貶為庶人，最後也是自殺而亡。

這姐妹花迷殺漢成帝、毒殺皇子，使成帝絕嗣，西漢飄搖，真是絕代天嬌。

14. 首位和番是細君

「和番」，是將皇帝的女兒嫁給番邦的國王，使兩國成為甥舅之親，促成邦交和睦、文經交流、保持和平安定。

當然，如果中國武力強盛、政經繁榮，那些邊境小國，懾於權威，只好乖乖俯順、歲歲來朝，就用不著採取和親的政策。因為硬著心腸把自已的千金下嫁到異國，門不當戶不對，終究不是一件光彩的事，但是碰到頑蠻強大的鄰邦，又好動武侵略，擾亂邊界，如果屢次都派兵征討，你來他逃、你走他來，不勝其擾，何況用兵長征，所耗不貲，在無可奈何的情況下，用女兒下嫁去維繫感情，敦睦邦交，雖然採美人計對男人來說的確有點丟臉，但仍不失為一項良策。

問題是，苦了那些被皇帝欽點派去和番的姑娘們，令人可憐又可敬。

漢唐兩代和番的不下十數人，而第一位被派去和番的應是細君公主。

在漢武帝時代，北方的匈奴強蠻好戰，經常入侵中國，而且也把世居祁連山一帶的烏孫國趕到了新疆溫宿、伊寧附近，漢武帝乃採取聯合烏孫共同對付匈奴的策略，決定用「和親政策」穩定西北邊境的和平。

起初烏孫恐懼匈奴而不甚瞭解中國，後來由於張騫等人出使西域的宣導，以及派員到中國實地考察之後，才發覺中國的強盛，開始改變外交政策。據《前漢書》卷九十六載：「烏孫於是恐，使使獻馬，願得尚漢公主為昆弟，天子問群臣，議許日必先內聘，然後遣女。烏孫以馬千匹聘。漢元封中，遣江都王劉建女細君為公主以妻焉，賜乘輿服飾諸物，為備官屬、宦官待御數百人，贈送甚盛。」

可知細君公主並非漢武帝的親生女兒，而是宗室江都王劉建的千金，加封為公主，這個十來歲的美貌少女，肩負國家重責、外交使命，被一群人擁簇送到距離長安八千九百里外的烏孫去，烏孫王昆莫當然喜出望外，得意非凡，封細君公主為右夫人。匈奴王得到了消息，深恐烏孫和中國走得太密切，立刻也挑了一個公主嫁給烏孫王，老昆莫來者不拒，封匈奴公主為左夫人，大享齊人之福。

那細君公主自幼在王府長大，可說是金枝玉葉，千嬌百媚，突然間來到西域蠻荒之地，生活習慣迥異，語言半句不通，真是度日如年，苦不堪言，比起那習慣草原生活的匈奴公主，簡直天差地別，所以她很痛苦，只能抱著琵琶彈唱，淚珠兒滴個不停，她把愁緒寫成一首曲詞，邊彈邊唱：

吾家嫁我兮天一方，遠託異國兮烏孫王，穹廬為室兮旃為牆，以肉為食兮酪為漿，居常土思兮心內傷，願為黃鵠兮歸故鄉。

從歌詞中不難想見當時她的心情是多麼痛苦，更糟糕的是昆莫自知年老，按烏孫民俗，要把細君公主轉嫁給他的孫子岑陬，公主怎麼肯答應？《前漢書》載：「公主不聽，上書言狀，天子報曰：從其國俗，欲與烏孫共滅胡，岑陬遂妻公主。」可憐的公主，為了國家政策，只有犧牲自我，成為烏孫國王孫子的夫人，不久，老王死，孫子岑陬繼位，細君成了王后，兩年多後生下一女，取名少夫，產後失調，罹患憂鬱症，女兒不到一歲竟夭逝了，她又多了一項喪女之痛，終於悒悒以沒，才二十六歲。首位和番的公主，就這樣悲慘下場，真是令人嘆息。

15.

獨留青塚向黃昏

古代四大美人之二，當推王昭君。

王昭君名嬙，後來因為晉人迴避文帝司馬昭名諱，改稱明君，也叫明妃。漢代秭歸人，十七歲時因容貌秀麗被選入宮，擅琵琶，能歌舞，生性剛直。《西京雜記》載：「元帝後宮既多，不得常見，乃使畫工圖形，按圖召幸之。諸宮人皆賂畫工，多者十萬，少者亦不減五萬，獨王嬙不肯，遂不得見。匈奴入朝，求美人為閼氏，於是上按圖，以昭君行。及去召見，貌為後宮第一，善應對，舉止閒雅，帝悔之，而名籍已定，帝重信于外國，故不便更人。乃窮案其事，畫工皆棄市，其家資皆巨萬。畫工有杜陵毛延壽，為人形，醜好老少必得其真，安陵陳敞、新置劉白、龔寬、樊育亦善布色，同日棄市，京師畫師，於是差稀。」這段記述，指出了漢元帝居然把後宮絕代佳人雙手拱奉給匈奴單于的由來。

據傳當年王昭君在和番途中，一路上幽怨悲吟，琵琶悽惋，使空中的雁鳥紛紛墜落馬前，是故有「落雁之姿」的美譽。宋代秦觀《王昭君》詩云：「漢宮選女適單于，明妃斂袂登氈車。玉容寂寞花無主，顧影低回泣路隅，行行漸入陰山路，目送征鴻入雲去。獨抱琵琶恨更深，漢宮不見空回顧。」歷代吟詠王昭君的大詩家不下數十人，詩詞劇曲甚夥，秦觀這首詩，算是哀惋周延之作。

王昭君下嫁匈奴後，號稱「寧胡閼氏」，生一子，終老死於塞外，墓在呼和浩特市南郊大黑河之濱，四周塞草皆白，獨其墓呈黛青色，所以杜甫有「一去紫台連塑漠，獨留青塚向黃昏」之句。後人在墓碑上刻著：「一身歸朔漠，數代靖兵戎，若以功名論，幾與衛霍同。」說得不錯，我們看史載在昭君和番的幾十年間，由於她深明大義、開導單于，使長城關外呈現一片和平景象、邊城晏閉、牛馬佈野，她的見識之卓越、貢獻之偉大，真不亞於衛青霍去病。

在眾多詩人的彩筆下，對王昭君的身世，莫不感表嘆惜，如李白《王昭君》詩：「昭君拂玉鞍，上馬啼紅顏。今日漢宮人，明朝胡地妾。」另有「漢家秦地月，流影照明妃。一上玉關道，天涯去不歸。漢月還從東海出，明妃西嫁無來日，燕支長塞雪作花，蛾眉憔悴沒胡沙，生乏黃金枉畫圖，死留青塚使人嗟。」唐代詩人崔國輔寫得更深沉：「一回望月一回悲，望月月移人不移。何時得見漢朝使，為妾傳書斬畫師。」這都是替王昭君抱屈的感慨。清代詩人吳天章詠《王昭君》也寫得很悽惋：「不把黃金買畫工，進身羞與自媒同，始知絕代佳人意，即有千秋國士風。環珮幾曾歸夜月，琵琶唯許託孤鴻。天心特為留青塚，青草年年似漢宮。」如今墓前塑有騎馬抱著琵琶的王昭君銅像，曰《青塚擁黛》，成為當地八大觀光景點之一。

後世論及王昭君，均懷憐香惜玉之情，且莫不憎恨畫師毛延壽，害得絕代佳人流落異域，但是也有人認為如果不是毛延壽，焉有青塚擁黛？故有詩云：「馬上琵琶有痛音，聲聲彈出故宮心，當時不遇毛延壽，千古流芳怎到今？」另有劉獻廷則為詩責怪漢元帝：「漢王曾聞殺畫師，畫師何足定妍媸？宮中多少如花女，不嫁單于君不知。」這樣嘲弄皇帝，的確也有一些道理。

16. 金城公主嫁吐蕃

絳河從遠聘，青海迎和親。月作臨邊曉，花為度隴春。
主歌悲顧鶴，帝策重安人。獨有瓊簫去，悠悠思錦輪。

這首詩是唐代詩人李適「奉和送金城公主適西蕃應制」所作，金城公主是唐雍王李守禮的女兒，自幼為中宗所愛，留在後宮，稱金城公主，適吐蕃王子羌擦拉溫成年待娶，其祖母遣大臣悉薰然到長安獻方物，為其孫請婚，唐中宗遂以金城公主許嫁之，據《唐書》載：「於是以左衛大將軍楊矩持節使焉，其月，帝幸始平縣以送公主，設帳殿於百頃泊側，引王公宰相，及吐蕃使，入宴中坐，酒闌，命吐蕃使進前，諭以公主孩幼，割慈遠嫁之旨，上悲泣歔欷久之，因命從臣賦詩餞別。赦始平縣大辟罪，百姓免繇賦一年，改始平縣為金城縣、其地為鳳池鄉、愴別里。」又載：「帝念主幼，賜錦繒數萬匹，雜伎諸工悉從給。」可見中宗對金城公主之疼愛，而當時從臣奉命賦詩送別，共得數十首，在《全唐詩》中收入十七首，除上述李適的詩之外，尚有韋元旦、沈佺期、李嶠、唐遠悊、蘇頲、崔湜、武平一、崔日用、鄭愔、閻朝隱等人的詩作，茲再錄沈佺期的一首詩於下：

金榜扶丹掖，銀河屬紫闈。那堪將鳳女，還以嫁烏孫。
玉就歌中怨，珠辭掌上恩。西戎非我匹，明主至公存。

從這些詩句中，可以看出當時臣下對公主和番的心情和感慨。

金城公主下嫁吐蕃王子是公元七一〇年的事，當王子羌擦拉溫知道公主一行即將抵達邊境時，親率人馬迎接，大概是太高興了，策馬狂奔，竟從馬背上跌落山谷，傷重而亡，公主聞悉大為驚訝，但是又不能折返，只有繼續前進，來到吐蕃，老王赤德贊祖被公主美色所迷，特為公主另築一座新城安置，公主身在異邦，祇能聽憑擺佈，嫁給了四十歲的老王，兩年後生下一個王子名叫赤松德贊，後來繼任吐蕃王位，是為奠定西藏佛教、設置僧伽制度的創始人。

公主在吐蕃產子時還流傳一段故事；老王出外狩獵，回宮時才知道有了王子，但另外一個愛妃卻說那個王子是她生的，與公主爭奪兒子，弄得雞飛狗跳，老王大傷腦筋，很難判斷，只有暫時先讓第三者養育，等到小王子兩歲時，命兩個媽媽同在一室，讓小王子自己去認，結果是小王不顧另一個媽媽的呼喚和糖菓的誘惑，逕自走向公主面前，投入親娘的懷抱，才斷定了這件爭兒的懸案。

金城公主不但才華出眾、容貌秀麗，而且深明大義，熱愛祖國，除了她帶來的陪嫁工匠、樂人、雜技等專業人員在吐蕃傳授技藝之外，她還在吐蕃建寺譯經、並向長安取來《毛詩》、《禮記》、《左傳》、《文選》等漢文書籍讓吐蕃學者研究，後來還有《禮記》、《戰國策》等書翻譯成古藏文，對吐蕃文化起了很大的啟發作用。更重要的是拉近了漢藏兩民族的感情，雖然兩國邊境仍有一些零星衝突，但並不嚴重，這從赤德贊祖上唐玄宗奏章中可以看出唐蕃聯姻的效果：「外甥是先皇帝舅宿親，又蒙降金城公主，遂和同為一家，天下百姓，普皆安樂。」

金城公主在吐蕃三十年，其貢獻不亞於先前的文成公主，深受吐蕃君民愛戴，死後葬在瓊結城後之山崗上，墓陵曰「幫蘇瑪坡」——意為「紅陵」。

17. 文成公主進西藏

《唐書》卷三載：「唐太宗貞觀十五年春正月丁卯，吐蕃遣其國相祿東贊來逆女，丁丑禮部尚書江夏王李道宗送文成公主歸吐蕃。」這是公元六四一年間的事。原來當時年輕的松贊干布已經統一吐蕃王朝，定都邏娑（即今之西藏拉薩），雄心勃勃，要和大唐建立密切邦交，吸收漢族文化，先後兩次派遣大員到長安向唐皇求親，第一次唐太宗不予理睬，這一次松贊干布藉著二十萬大軍打敗吐谷渾的餘威，乘勝進兵四川松潘，派人放話說：「如果不把公主嫁我，我就進軍長安！」唐太宗大怒，派遣大將侯君集領兵迎擊，松贊干布一看來頭不對，立刻態度軟化，撤兵求和，又派宰相祿東贊帶了一百人的使節團、備了五千兩黃金和許多珍珠寶物，再到長安求親，唐太宗終於接受大臣們的建議，在皇親宗室中挑選了一位美麗能幹的女兒，封為文成公主，許配給松贊干布。

當文成公主一行由李道宗持節領隊進入吐蕃國境時，松贊干布親自率隊遠行到栢海

（今青海瑪多縣境）迎接，在紮陵湖和鄂陵湖畔搭建栢海行館，度過洞房花燭夜，起程經過青海玉樹時，公主欣賞該處風景秀麗，松贊就在當地山谷中停留下來，共度了一個多月的蜜月。《新唐書》載：「松贊率兵次栢海親迎，見道宗執壻禮，恭甚，見中國服飾之美，縮縮媿沮。歸國自以其先未有婚帝女者，乃為公主築一城，以誇後世，遂立宮室以居。公主惡其國人赭面，松贊下令國中禁之。」由此可見松贊對公主的疼愛與尊重。

那時候唐朝已經盛行佛教，而西藏尚未盛行，文成公主是個虔誠的佛教徒，所以她特地攜帶了小型佛塔、釋迦牟尼佛像、佛經和典籍三百六十卷，要在西藏建寺弘揚佛法，於是建議松贊以大批山羊揹土填平一個湖泊，建成一座寺廟，名曰「惹薩」，意為「山羊背上」，即今之大昭寺，文成公主和松贊還在寺前親手種植柳樹，是為後世著名的「唐柳」，「甥舅同盟碑」亦即「長慶會盟碑」就豎立在柳樹旁。後來「惹薩」被譯為「邏些」、「邏娑」，又轉變為今之「拉薩」。

唐太宗給文成公主的嫁粧中還有卜筮典籍和天文曆法三百種、營造與工技著作六十種、能治四百零四種疾病的醫方一百種、醫療器械六種、醫學論著四種、以及大批綢緞、衣物和農作物的種籽，這些東西，對西藏人民的生活水平、經濟文化發生了極大的啟迪作用。

後來，文成公主又修建了小昭寺，並對拉薩四周的八個山嶺分別命名為妙蓮山、金剛山、寶傘山、右施山、海螺山、勝利幢、寶瓶山、金魚山，一直沿用到現在。她又用帶去的種籽，教導藏人耕種玉米、土豆、蠶豆、油菜，那小麥的種籽到了吐蕃受土壤和氣候的影嚮，逐漸改變基因，成了今日藏胞最喜愛的青稞。她又鼓勵松贊派遣貴族子弟赴長安留學，聘請漢人入藏代擬表疏。這對兩國的文化經濟交流、民族情感融洽大有幫助。

松贊干布對賢淑美麗、多才多藝的公主極為敬愛，特地為她修建布達拉宮，布達拉為「普陀羅」的譯音，意為菩薩所居之宮，宮中存有大量壁畫，畫上文成公主進藏沿途的艱阻、抵拉薩時受歡迎的場面，可見公主受藏胞愛戴的程度。

18. 解憂公主白頭歸

話說當年漢武帝為了要拉攏烏孫國以牽制匈奴，首創和親政策，將宗室江都王劉建的女兒封為細君公主，下嫁給烏孫王昆莫，昆莫的兒子早死，有一孫子名岑陬，老王自知年老，先依該國民俗，將細君公主改配給王孫岑陬，但是細君心情不好，沒有幾年就病死異域，岑陬於是又派人到長安向漢武帝要老婆，朝廷商議一陣之後，決定允其所請，欽選解憂公主嫁給岑陬。

解憂原是宗室楚王劉戊的孫女兒，由漢武帝封為公主，前往烏孫和番。解憂和細君是兩個完全不同性格的姑娘，她長得豐腴健美、朗爽活潑、頗有男兒氣概，樂觀勇敢、忠君愛國，所以她到烏孫之後，立即深入瞭解烏孫的風俗民情，而且又有一位能幹精明的陪嫁侍女馮嫽的協助，因此很能適應當地的生活。

烏孫王岑陬遂以解憂公主為右夫人，娶匈奴公主為左夫人，不久，岑陬病故，匈奴公主生的兒子泥靡年紀尚幼，因此王位由岑陬之弟翁歸靡繼任，依俗例，解憂與匈奴公主均應改嫁給新王翁歸靡，他長得肥胖，因號「肥王」，對解憂公主特別疼惜，幾年下來連續生了三男二女，據《前漢書》載：「長男名貴靡；次男名萬年，後為莎車王；三男名大樂，後為左大將軍；長女名弟史，後為龜茲王妻；小女名素光，後為若呼翎侯妻。」肥王對解憂公主是言聽計從，因此和漢朝的關係也格外密切，而把匈奴公主冷落一旁，氣得她向匈奴王告狀，匈奴單于大怒，調集大軍，進兵烏孫，並宣佈和漢朝斷絕關係，誓言要肥王獻出解憂公主，肥王連忙一面調集軍隊，一面向漢皇求救，當時朝廷由大將軍霍光主政，據報立即調派五路大軍進攻匈奴，另派校尉常惠持節到烏孫督軍，匈奴懾於往年被漢將衛青、霍去病打敗的慘痛經驗，不敢和漢軍正面交鋒，紛紛向西北邊移動，烏孫軍隊正好以逸待勞，等在那裡攔腰截擊，和漢軍前後夾攻，結果單于大敗，死傷四萬多人，損失牲畜七十餘萬頭，自此匈奴氣燄頓消。

這次戰役之後，解憂公主在烏孫的聲望地位如日中天，備受尊崇，連她的侍女馮嫽也被尊稱為「馮夫人」，代表漢朝，錦車持節，宣撫西域。可惜好景不長，肥王一病不起，烏孫王位歸還給岑陬王和匈奴公主所生的王子泥靡，這王子已經被冷落了好多年，心態不正常，接了王位之後，倒行逆施，被稱為「狂王」，而且還娶解憂公主為妻，解憂無奈，只得從俗，還和他生了一個兒子叫鴟靡。後來狂王把肥王的兒子處死，狂王又被殺傷，引起全國混亂，幸虧漢朝特使常惠的軍力介入，和「馮夫人」的斡旋調停，才把烏孫分而為二，由解憂和肥王所生的大兒子貴靡為大國王，統治六萬戶；由匈奴公主所生的兒子烏就奢為小國王，統治四萬戶，分而治之，這才相安無事，維持了好幾年。後來解憂公主的長子貴靡和幼子鴟靡相繼病逝，烏孫國人都擁護小國王烏就奢，解憂的處境大不如前，想想自已為朝廷和番，五十多年來，在烏孫歷經四朝，改嫁三夫，受盡屈辱，心力交瘁，萬念俱灰，遂上書云「年老思故鄉，願得骸骨歸漢地。」漢宣帝深受感動，派員把她接回長安時，她已七十多歲，當年出國時是妙齡少女、絕代紅妝，如今已白髮蒼蒼，老態龍鍾，一生青春，奉獻朝廷，怎令人不感慨系之？

19. 花容永駐李夫人

「上有所好，下必投之。」是謂「投其所好」也。漢武帝喜歡音樂，擅長樂器度曲的人才就受到寵用，其中有一位樂師叫李延年的青年，「性知音，善歌舞」，很受漢武帝的喜愛，《漢書》說他「每為新聲變曲，聞者莫不感動。」這個李延年很有心機，要和皇帝沾親帶故，圖謀榮華富貴，因而精心譜調了一首新歌，有一天看到漢武帝心情很好，就邊彈邊唱以娛皇上，歌詞曰：「北方有佳人，絕世而獨立；一顧傾人城，再顧傾人國，寧不知傾城與傾國，佳人難再得。」

漢武帝聽了非常神往，嘆口氣說：「善世豈有此人乎？」平陽公主在旁邊說：「有！她就是李延年的妹妹啊！」

就這樣，李延年奉旨把妹妹送進宮中，漢武帝一看，果然漂亮，妙麗善舞，綽約婀娜，像一朵含苞待放的鮮花，清香四溢，漢武帝怎不龍心大悅？於是備加寵幸，封為「夫人」，是故史上僅稱李夫人，而不書其名。

這李夫人在漢武帝的專寵下，享盡尊崇，尤其是第二年竟有了龍種，產下一男嬰，冊封為昌邑哀王，更是錦上添花，奠定了她在宮中的崇高地位。接著，她的哥哥李延年被任為「協律都尉」，另一位兄弟李廣利詔為「貳師將軍」，封海西侯，一門富貴，親友增榮，李延年那一首新歌，發揮了預期的功能。

可惜人算不如天算，如果本命單薄，就載不了太重的幸福。李夫人產後，突遭病魔纏身，雖有御醫悉心診治，但是毫無起色，她自覺性命難保，深知皇上愛的是自己的花容玉軀，而李家的榮華富貴也完全繫乎皇上的愛屋及烏，所以必須讓皇上一直愛著她，否則，一切都將化為烏有。

漢武帝聽說李夫人病重，特別親自前往探視，這一節過程，《漢書》卷九十七上有極為精彩的記敍：「李夫人病篤，上自臨候之。夫人蒙被謝曰：『妾久寢病，形貌毀壞，不可以見帝，願以王及兄弟為託。』上曰：『夫人病甚，殆將不起，一見我囑託王及兄弟，豈不快哉？』夫人曰：『婦人貌不修飾，不見君父，妾不敢以燕情見帝。』上曰：『夫人但一見我，將加賜千金，而予兄弟尊官。』夫人曰：『尊官在帝，不在一見。』上復言，欲必見之，夫人遂轉向歔欷而不復言，於是上不說而起。」李夫人為甚麼那樣堅持，不讓漢武帝見她最後一面？原來她是早就想好了的。事後她對姊妹說：「所以不欲見帝者，乃欲以深託兄弟也。我以容貌之好，得從微賤受幸於上；夫以色事人者，色衰而愛弛，愛弛則恩絕。上所以攣攣顧念我者，乃以平生容貌也，今見我毀壞，顏色非故，必畏惡吐棄我，意尚肯復追思憫錄其兄弟哉？」其中「色衰而愛弛，愛弛則恩絕」誠名言也。

李夫人用拒見最後一面以保留美好的印象，使姣美的容貌永遠留存在皇帝腦中，這一招真是有效，她死後害得漢武帝朝思暮想，神魂顛倒，後來還請了方士齊人少翁作法，夜張燈燭，設帳帷，皇上在另帳遙見一女子宛如李夫人，「還帷坐而步，又不得就視。」皇上愈益相思，悲感而吟曰：「是耶非耶？立而望之，偏何姍姍其來遲？」又作賦以傷悼夫人，可見李夫人花容永駐之術真是高明。

20. 兩位賢后都姓馬

翻開史頁，大凡開國帝王，除了他自已的膽識才幹服眾之外，還得有一位賢內助在幕後襄輔，唐太宗有位長孫皇后，明太祖有位大腳馬皇后，都發揮了莫大的推手作用，才有一段太平盛世的治績。

明太祖朱元璋的老婆馬氏，出身寒貧，少時孤苦，因此沒有像千金小姐那樣纏成三寸金蓮，所以史稱「大腳皇后」，她跟隨朱元璋打天下，東奔西走，吃盡苦頭，歷盡險阻，到了朱元璋當上皇帝，她還是克勤克儉，粗衣疏食，勸勉皇帝要做個聖主明君，要為天地惜物、為人民惜福，她的賢慧軼事，讀史的人都津津樂道，知之甚詳，這裡不再多贅，無獨有偶，歷史上還有一位漢代馬皇后，也非常賢淑，對漢明帝也很有幫助，只是她丈夫的名氣不如明太祖朱元璋，因此她也沒有大腳皇后那樣有名，所以很少有人提及，這裡必須將她敍述一番。

提起漢明帝劉莊的皇后馬氏，來頭可不小；她的父親乃是伏波將軍馬援，這位「馬革裹屍」、功在大漢的武將，為人正直清廉，不會結交權貴、逢迎皇親，還得罪了光武帝劉秀的女婿梁松和外戚竇固等佞臣，當馬援死後，那些人就在光武帝御前進讒，皇帝聽了片面之辭，勃然而怒，下旨追回馬援新息侯的印綬，取消一切優待，馬援的兩個兒子也先後去世，只剩三個女兒和寡母，勢利眼的親友也把馬家視同陌路，時加欺凌，幸虧才十歲的么女能幹沉著，一面照顧病母，一面指揮兩個姐姐操持家事。《後漢書．皇后紀》云：「時年十歲，幹理家事，敕制僮御，內外諮稟，事同成人。初，諸家莫知者，後聞之，咸歎異焉。」可見這位馬三小姐自幼就有過人的才幹，越齡的表現。

原先馬援在世時，三姐妹都訂有親家，這時馬家落魄，三親家惟恐沾到麻煩，紛紛解除婚約，正好這年朝廷為太子劉莊和諸王子選妃，馬家三姐妹都長得端莊秀麗，老大十七歲、老二是十五歲、老三才十三歲，都被選上送入宮中，十三歲的三小姐，被選入太子宮，陪伴太子劉莊，侍奉陰皇后，「傍接同列，禮則脩備，上下安之，遂見寵異常。」能幹的姑娘，如錐在囊，到那裏都是會受人重視的。

當光武帝崩殂，劉莊接位是為顯宗明帝，就封馬三小姐為「貴人」，這時她已二十歲，地位僅次於皇后，有一位賈貴人生了一個皇子，而馬三小姐一直沒有生育，明帝就叫她撫養賈貴人所生的兒子：「人生未必當自生子，但患愛養不至耳。」聽了皇帝的話，於是她「盡心撫育，勞悴過於所生，皇子亦孝性惇篤，恩性天至，母子慈愛，始終無纖介之間。」換做她人，寧不妒忌？古來妒妃，在後宮毒殺別個妃子生的皇子，難以計數，馬三小姐真是寬厚仁慈，後宮罕見。

《漢書》：「永平三年春，有司奏立長秋宮，帝未有所言。皇太后曰：『馬貴人德冠後宮，即其人也。』遂立為皇后。」於是她所撫育的皇子劉炟被立為太子，可見她的表現，不但受到明帝的寵愛，連皇太后陰麗華也特別喜歡她。

馬皇后之賢，在於她能識大體、顧大局，從歷史中汲取教訓，使皇室的基業永固。最難得的是她拒絕大封自已娘家的人，她說：「吾不欲令後世聞先帝數親後宮之家。」她列舉「昔王氏五侯同日俱封，其時黃霧四塞，不聞澍雨之應；又田蚡、竇嬰、寵貴橫恣，傾覆之禍，為世所傳。」所以她極力壓抑娘家馬氏的勢力，免得皇親國戚，弄權誤國，這種見識和胸襟，也是古今皇后所少見。

永平十八年，明帝崩，由馬皇后撫育長成的劉炟即位，為漢章帝，尊馬皇后為皇太后。皇太后仍不准大封國舅馬氏家人，她有幾句名言，堪垂千古：「常觀富貴之家，祿位重疊，猶再實之木，其根必傷。」又云：「吾豈可上負先帝之旨、下虧先人之德，重襲西京敗亡之禍哉！」這些鏗鏘有聲之言，俱載《漢書》之中，迄令讀之，猶令人由衷起敬。

這位馬太后，對自己要求甚嚴：日夜惕厲、思自降損、居不求安、食不念飽、樸素節儉、不貪不求，真是古今少有的賢后。

馬太后身子本來就不好，加上操勞克儉，所以才四十一歲就病逝於長樂宮，諡曰「明德皇后」，與明帝合葬於顯節陵。

21.

淫妒悍后賈南風

晉武帝司馬炎的兒子司馬衷，是個智障、低能、昏庸的太子，基於政治考量，武帝幫他選了賈充的女兒賈南風為太子妃。她長得皮膚黧黑、身材矮胖、四肢粗短，而且生性悍妒，狠毒刻薄，權謀奸詐，十五歲嫁給十三歲的太子，傻里傻瓜的司馬衷，對她視同亦妻亦姐，服服貼貼，言聽計從。

武帝崩，司馬衷繼位，就是史上有名的問左右「蛙鳴是為公為私？」饑民缺糧，他問「為甚麼不吃肉」的晉惠帝，他的悍妻賈南風就成了皇后。

賈南風做了皇后，立即大展妒風；凡是侍候皇上的都用老醜的宮女，只要發現誰和皇上稍有親熱的表情，第二天就會蒸發掉。這是賈充家的傳統，因為她的母親當年看到賈充只摸摸抱在乳娘懷中的兒子，就醋火中燒，先後殺死兩個乳娘，餓死了唯一的兒子，使賈充斷後。有其母的基因，自然有其女的妒性了。

賈皇后不許皇帝和別的女人要好，自己卻膽大妄為，生了兩個女兒之後，居然紅杏出牆，先與太醫程橼通姦，意猶未足，乘著月黑風高之夜，命親信從宮外物色年輕力壯的漢子，供其洩慾，事後就予以滅口，少數使她感到滿意的壯漢，就網開一面，贈送貴重禮物，放其生路。曾有青年突然富有，被有司疑為盜賊，偵詢之下，說財物是一位既黑又胖的中年婦女所贈，因為有人莫名其妙地將他連夜引領到一處豪宅，令他沐浴更衣，賜以酒食，然後與該女胡纏了兩三夜，承贈以金銀綢緞，乘夜送他離開豪宅。有司亦早有風聞，檢驗財物，確為皇家用品，不敢再追究下去，這件醜聞，於是傳遍民間，不久就流傳了一首民謠：「南風起，吹白沙；遙望魯國何巍峨，千歲骷髏生齒牙。」

夜裡她在偷漢縱慾，白天干預朝廷政事，採取濫殺無辜、誅滅異己的恐怖手段，她假借汝南王司馬亮和楚王司馬瑋之手，誅殺了太傅楊駿、衛將軍楊珧、太子太保楊濟，這「三楊」位居三公，是晉武帝楊皇后的父兄，還有許多前朝的大臣，一個個都喪生於賈南風的運籌之下，而且皆夷三族，誅連千人以上，接著竟假傳聖旨，廢掉太后楊氏，貶為庶民，次年迫害至死。她利用諸王之間的矛盾，又假傳聖旨，使楚王司馬瑋誅殺太宰汝南王司馬亮、太保淄陽公衛瓘，事後又矯詔反咬楚王司馬瑋擅殺大員，予以抄家滅族，然後大量引用親信黨羽，位居要津，族兄賈模、從舅郭彰、後母廣城君的養孫賈謐等人分掌朝政，把晉惠帝當成傀儡，甚至她還假裝懷孕，久居深宮，暗地裡將妹夫韓壽的兒子偷送進宮當做自己產下的皇子，不久遂將原先的太子司馬遹廢掉，以冒充的皇子代立為太子，這件偷天換日的事激怒了司馬家族，右將軍趙王司馬倫首先起而抗議，賈南風為了免除有人打著擁護太子司馬遹的旗號，索性一不作二不休，派人將司馬遹殺害，以為這樣就可以杜絕眾望，豈料這一招出了岔，適得其反，激起了宗室諸王的全面反抗，梁王司馬肜、趙王司馬倫立即率兵入宮，將賈南風逼到閣樓上，被逼喝下毒酒而死，其黨羽親族全部被殺，但是此舉又使淮南王司馬允不悅，舉兵討伐司馬倫，於是，史稱「八王之亂」爆發，導致五胡亂華，使中國陷入了三百多年的分割局面，分析這個亂源，賈南風與司馬衷這一對「醜后蠢皇」都應負責。

22. 北魏文明馮太后

北魏文成帝拓跋濬即位於公元四五二年，選了十四歲的美女馮氏為貴人，四年後，馮氏十八歲，被立為皇后；十年後，她二十八歲就當了太后；又十年後，三十八歲當太皇太后，四十九歲病故，謚為「文明太皇太后」。這「文明」二字是她的謚號，史稱「文明馮太后」，在當時的鮮卑族中，她確是很「文明」。

這位馮氏，對北魏來說，真是鼎鼎大名，毀譽參半，說她是個偉大的女政治家也可以；說她是個淫蕩的、狠毒的風流艷后也未嘗不可。

話說馮氏十八歲當太后那年，文成帝也冊立兩歲的兒子拓跋弘為太子，他是李貴人所生的，依照「立子殺母」的規矩，李貴人當被賜死，拓跋弘由皇后馮氏撫養，視如己出，不料文成帝於公元四六五年病逝，才二十六歲，這使才當了十年皇后的馮氏痛不欲生，在依例焚燒文成帝生前的衣物時，她撲向火堆，幾乎殉情，幸被左右及時拉住，從昏迷中救醒，她長嘆一口氣，決定不再尋死，專心完成文成帝的治國理念。

第二天，已經十二歲的太子拓跋弘繼位，是為魏獻文帝，馮皇后被尊為太皇太后。這時狂傲的太原王車騎大將軍乙渾，欺侮獻文帝年幼，又是孤兒寡母，遂存有僭越之心，馮太后早有警覺，先下手為強，要皇帝假裝生病，乙渾入宮探視，即被伏兵逮捕，併收其黨羽，全部夷滅三族，她這一舉，充分流露了果敢的政治膽識，奠定了她在朝廷上的威望，於是俯順大臣之請，宣布親自臨朝稱制，掌控朝政，穩定政局。

公元四六七年，十四歲的獻文帝居然做了父親，他的愛妃李夫人替他生了一個白白胖胖的兒子，取名拓跋宏，馮太后非常喜愛，決定停止臨朝，把朝廷大事交還給獻文帝，自己親自撫養愛孫。

二十來歲的馮太后，年輕守寡，自然熬不住深宮的寂寥，尤其是生理上正是巔峰時期，她對衣食雖然節儉，對情慾可無法克制，先後選中了三個美男子：吏部尚書王睿、南部尚書李沖、宿衛監李奕，常以奏事為由，宣入內宮，輪流「伴寢」，日久事洩，傳進獻文帝耳中，加上有人挑撥，告發李沖、李奕兄弟三十條罪狀，獻文帝藉機予以誅殺，希望遏止馮太后的情慾，豈料這位深沉的太后，懷恨在心，在公元四七六年下毒暗殺了二十三歲的獻文帝，並對挑撥是非的大臣們大開殺戒，為情夫報仇，由她撫養的孫子拓跋宏登基為孝文帝，她自己以太皇太后的身份再度臨朝聽政，進行政治改革；確立漢族的禮儀文教制度，立學校、定樂章、建孔廟，以黃帝為拓跋氏的遠祖，接著頒佈均田令、在地方上建立三長制；五家一鄰長、五鄰一里長、五里一黨長，緩和了階級和種族之間的矛盾，也提升了鮮卑族的地位，史上有名的「太和改制」，就是馮太后的偉大政績。

馮太后真不愧是一位雄才大略的女政治家，為孝文帝後來遷都洛陽奠定了堅厚的基礎，只是她為情慾所困，留下淫聲，甚至連南朝齊國派來年輕的使者劉纘也被她看中，留在宮中伴寢，在床笫間解決邊境的大事，也算是古今罕聞

公元四九〇年，四十九歲的馮氏病逝，諡為「文明太皇太后」。

23.

猶勝鬚眉蕭燕燕

提起蕭燕燕，恐怕有點陌生，說她是遼國蕭太后，大概比較熟悉，看過「楊家將」章回小說，或欣賞過國劇「四郎探母」的人，對她應該不會陌生，因為她就是楊四郎的岳母、史稱番邦蕭太后的蕭燕燕。

蕭燕燕，名綽，小字炎炎，炎與燕諧音，遂稱燕燕，契丹族，父親是北遼宰相蕭思溫，姊妹三人，她是老三，據《遼史》載：「后早慧思，溫嘗觀諸女掃地，唯后潔除。喜曰：此女必能成家。」她年紀最小，卻比兩個姐姐掃得乾淨，顯露了她做事週全徹底的個性，後來果然不出她父親所料。

遼國景宗耶律賢繼位時，美艷絕俗的蕭燕燕被納為貴妃，那年才十六歲，原先她已許配給一個年輕英俊的漢臣韓德讓，但尚未成親，就被選入後宮，翌年十七歲，生下長子耶律隆緒，是為太子，她被冊封為皇后。

根據《遼史》記載；景宗體弱多病，「多不視朝」，國事皆由皇后裁決，「帝臥榻間，僅拱手而已。」因而磨練了她處理大事，解決危難的功力，十四年後，景宗病逝，十二歲的太子耶律隆緒繼位，是為聖宗，才二十九歲的她，正是青春年華的少婦，形勢對孤兒寡母非常險峻，王室虎視眈眈，朝廷人心動盪，幸虧她早有安排，在景宗病篤之前，就提拔韓德讓為南院樞密使，這位曾經幾乎與她締親的官員，立即展現了果斷的魄力，替她消除阻礙，掌握兵權，使野心勃勃的諸王，紛紛授首匿跡，鞏固了太后的攝政權威，被尊稱為「承天皇太后」。

這時，韓德讓已是朝中最顯赫的大臣，蕭太后不但在國政上倚賴他的支持擁戴，在感情上也點燃了舊時的情焰，一個三十歲不到的女人，文君新寡，怎耐深宮寂寞？於是，這位宋史中稱為番邦大將韓延壽的韓德讓，就成了「入宮之賓」，據《遼史》載：「丁酉，皇太后幸韓德讓帳，厚加賞賚，命從臣分朋雙陸以盡歡。」她讓隨從們去賭博娛樂，自己當然就可以和韓德讓在帳內娛樂了，後來，她還暗中派人鴆殺韓妻李氏，這樣她就可以獨佔，不過她對韓德讓的愛情始終專一，並不像別的風流后妃把情郎當做面首，隨時更換。

蕭燕燕以皇太后之尊，臨朝綜攬軍國大政，她虛心誠懇、待人親切，但是執法嚴明，有鬚眉氣概，無婦人之仁，因此遼國大治，她親自決獄多次、解放奴隸、整頓吏治、肅清貪污、減免賦稅、開科取士，史稱「承天后攝政之治」，國力蒸蒸日上，遂有力量與宋朝逐鹿中原。

她擅用兵，嫻熟兵法，當時遼宋對峙，幾場戰役，都由她親自帶幼帝御駕親征，曾生擒北宋號稱「楊無敵」的楊繼業。公元一〇〇四年，她又統率二十萬大軍南下，攻抵河南濮陽，宋真宗不得不親自領軍抵禦，在澶州兩軍對陣，結果簽下和約「澶淵之盟」，宋為兄，遼為弟，宋真宗尊蕭太后為嬸母，每年輸銀十萬兩、絹二十萬匹給遼，於是畫界罷兵，自此維持了一百多年的和平。

《遼史》載她「知軍政，澶淵之役，親御戎車，指揮三軍，賞罰信明，將士用命。」可見她不但是一位政治家，還是女中英豪的軍事家。五十七歲時病逝，計攝政二十七年，為遼國最強盛時期，說她猶勝鬚眉、絕代紅妝並不為過。

24.

賢矣愚哉獨孤后

鮮卑人姓獨孤者，是個望族大姓。隋朝開國皇帝楊堅的妻子就叫獨孤伽羅，河南雒陽人，父祖都做過大官，由於她的父親獨孤信很會看相，發現楊堅相貌堂堂，將來必成大器，於是把剛滿十四歲的愛女伽羅許配給他，婚後兩人恩愛逾恆，如膠似漆，彼此對天發誓；今生今世只愛對方，而且「誓無異生之子。」也就是絕對不得有外遇、婚外情、私生子，這個咒誓，影響了他們一生。

獨孤伽羅做楊堅的妻子，表現得「柔順恭孝，不失婦道。」可謂賢妻良母，生男育女，善盡內助之責。大女兒長得如花似玉，被北周太子冊選為妃，太子登基是為周宣帝，遂被立為皇后，楊堅以國丈之尊，把持朝政，掌握兵權。

但是獨孤伽羅並不以丈夫權傾天下為傲，也不以女兒貴為皇后為榮，反而「謙卑自守，世以為賢。」生活仍然過得很儉樸、待人接物依舊很客氣，對兩個兒子楊勇、楊廣也善盡母教之責。有一天，年輕的宣帝突然駕崩，這時楊堅「居禁中、總百揆」大權在握。獨孤伽羅非常機警，立即派人暗告丈夫：「大事已然，騎獸之勢，必不得下，勉之！」這幾句話提醒了楊堅，也給了他莫大的勇氣，於是，他宣佈取而代之，禪位為隋文帝，她當然就被冊立為皇后。

她當皇后，力勸隋文帝崇尚節約，勤政愛民，《隋書》載：「上每臨朝，后輒與上同輦而進，至閣乃止。」又云：「政有所失，隨即匡諫，多所弘益。候上退朝，而同返燕寢，相顧欣然。」好一個賢惠體貼的皇后！

有一次，突厥商人有一篋價值八百萬的上品明珠，幽州總管陰壽向皇后說可以買下，絕對物超所值。皇后婉謝說：「非我所需也！當今戎狄屢寇，將士辛勞，未若以八百萬分賞有功者。」這些話傳進官員耳中，都向文帝申賀，咸認皇后真是賢德，令人敬愛。

後來，她的表弟大都督崔長仁犯了國法，文帝很想為其開脫，免其死罪，獨孤皇后說：「國家之事，焉可顧私？」文帝只好將崔長仁正法。她的異母弟獨孤陀對她忌恨，暗中用貓鬼巫蠱咒詛她，事發當判死刑，但是她卻為他求饒，甚至絕食三天，對文帝說：「陀若蠹政害民者，妾不敢言。今坐為妾身，敢請其命。」文帝只好赦免獨孤陀的死罪。像這樣公私分明的女人，真是古今罕見。

但是，當時曾與隋文帝並譽為「二聖」的獨孤后，後人為何竟將她列為古今最狠毒、善妒的皇后之一呢？都因為她太執著、愚蠢地遵守誓言；夫妻感情絕不走私！她自已是做到了，楊堅雖然做了皇帝，也不得違背誓約！但是楊堅忘了誓言，愛上了仁壽宮的一個宮女，她就派人將宮女殺掉，氣得楊堅策馬狂奔數十里，幸虧楊素等人把他找回來。他嘆息說：「吾貴為天子，而不得自由。」獨孤后不但對自已的丈夫如此，就是「見諸王及朝士有妾孕者，必勸上斥之。」尤其對太子楊勇不喜歡元配而寵愛雲氏，更是不滿，加上次子楊廣從中挑撥，楊勇竟被廢黜，而立楊廣為太子，他就是後來勒斃父皇、毀家亡國的隋煬帝。

獨孤皇后賢則賢矣，但是為了誓死反對夫妻愛情走私，竟愚昧頑固得不擇手段，不計後果，隋朝的興亡，真可以說是「成也獨孤，敗也獨孤。」

25.

第一賢后長孫氏

開創「貞觀之治」的唐太宗之妻長孫氏，長安人。長孫是複姓，出自拓拔氏，孝文帝以拓拔為皇枝之長，改為長孫氏。她的父親是隋朝右驍衛將軍，十三歲就嫁給十七歲的李世民。《唐書》載她：「少好讀書，造次必循禮節。」所以後來她寫了不少詩文，尚有一首《春遊曲》流傳迄今：

上苑杏花朝日明，蘭閨艷妾動春情。井上新桃偷面色，檐邊嫩柳學身輕。花中來去看舞蝶，樹上長短聽啼鶯。林下何須遠借問？出眾風流舊有名。

她不但才情洋溢，而且孝順恭儉，對太宗的輔助，影響極大。其賢慧、謙卑的德行，從旁促成了唐太宗「貞觀之治」的政績。最難能可貴的是她貴為皇后，能嚴守內宮不干政的分際，史載「太宗常與后論及賞罰之事，對曰：『牝雞之晨，惟家之索。妾以婦人，豈敢豫言政事？』太宗固與之言，竟不之答。」翻開史料，或是放眼當前，多少婦人在背後收紅包、拿禮物，然後干預行政、安插人事、牝雞司晨，像長孫皇后這樣守分的女人，簡直是鳳毛麟角。

她的賢淑守分，還及於家族兄長，極力抑制娘家親屬的權位，當時她的哥哥長孫無忌，和唐太宗是打天下的生死之交，佐命元勳，而且能力出眾、文武全才，唐太宗原想任他為丞相，卻屢被她所反對：「每乘間奏曰：『妾既託身紫宮，尊貴已極，實不願兄弟子侄布列朝廷。漢之呂霍，可為切骨之誡，特願聖朝，勿以妾兄為宰執。』」以漢代呂霍二后外戚弄權的結果為鑑，長孫后真是高瞻遠矚。

大家都知道魏徵是個忠肝義膽的御史大夫，殊不知如果沒有長孫皇后的支持特保，恐怕早就被唐太宗殺掉了，從每次在朝廷被魏徵直言忠諫而怒不可遏的表情，甚至回宮後還氣呼呼地說「會殺此田舍翁」看來，唐太宗對魏徵是很火大的。

當長樂公主出嫁時，由於太宗特別疼愛這位次女，因此「降敕所司，資送倍於長公主。」魏徵立即提出異議：「若令公主之禮，有過長主，理恐不可，願陛下思之。」對太宗的家務事，魏徵也要引經據典加以反對，氣得太宗回宮向皇后發牢騷，長孫氏感慨地說：「今聞其諫，實乃能以義制主之情，可謂正直社稷之臣矣！妾與陛下結髮為夫婦，曲蒙禮待，情義深重，每言必候顏色，尚不敢輕犯威嚴，況在臣下，禮隔情疎，故韓非之為

《說難》、東方稱其不易，良有以也！」她把魏徵的忠誠，說得太感人了，事後還派人運了五百疋帛送到魏府去感謝他的諫言，她幫太宗重用忠臣，採納忠諫的用心，既真誠，又慧巧，令人佩服。

最難得的是她罹患重病，久藥不癒，太子和大臣等都建議「請奏赦囚徒，并度人入道，冀蒙福助。」為了存活，換成任何人都會同意，但是她說：「死生有命，非人力所加，若修福可延，吾素非為惡；若行善無效，何福可求？赦者國之大事；佛道者，示存異方之教耳，非惟政體，靡幣又是上所不為，豈以吾一婦人而亂天下法？」這種胸襟，誰能做到？甚至臨終時還交代說：「妾生既無益於時，今死不可厚葬。」嗟呼！古今中外，賢淑儉樸之皇后，無出其右焉。

只可惜她僅活到三十六歲，和李世民相處二十三年，守分守法，克盡婦道，而且始終如一，並不因為權貴而改變生活方式與觀念，真是古今第一賢后！

26.

紅淚神針薛靈芸

李清照詩有：「一夜芙蓉紅淚多。」賀鑄詞有：「畫樓芳酒，紅淚清歌，頓成輕別。」他們所說的「紅淚」，有兩種解釋；一是古代夜間照明，紅色燭臘溶流猶如垂淚；二是引用魏朝美女薛靈芸離別父母時沿途哭泣，以唾壺盛淚，壺中凝成紅色。兩種解釋都是形容離別時的悲傷，所謂「椎心泣血」是也。

薛靈芸，是三國時代常山人，父親薛業，是贊鄉的亭長，那地方是個偏僻的鄉村，風氣純樸，生活節儉，居民以養蠶繅絲、紡織刺繡為業。薛靈芸是獨生女，從小就長得格外標致可愛，到了十五、六歲，簡直就像一朵含苞待放的花蕊，體態輕盈、肌膚白嫩、眉清目秀、笑靨迷人，不但成為贊鄉的大美人，她的女紅手藝，更是技壓群芳，獨步全縣，因之遠近知名，交相傳播。

這年，常山郡守谷習聽到朝中要為後宮挑選良家女子，認為薛靈芸符合條件，立即以重金說動薛業，將女兒賣給谷習，然後轉獻給皇上。

皇上正是魏文帝曹丕，他在曹操死後，篡漢稱帝，奪了曹植的愛人甄妃為妻，想不到甄妃鬱鬱寡歡，不久病死，曹丕深受打擊，悶悶不樂，後宮粉黛都排解不了心緒，近臣於是勸他下詔選秀，谷習就把薛靈芸送往洛陽，將她說得美艷嫵媚、婀娜嬌柔；形容得天下無雙、常山獨有，文帝當然大喜過望，引頸企盼。

據王子年的《拾遺記》云：「靈芸別父母，歔欷累日，淚下沾衣。至升車就路之時，以玉唾壺盛淚，壺中即呈紅色。既發常山，及至京師，壺中淚凝如血。」可見薛靈芸離別父母時是多麼悲傷不捨。

文帝對薛美人的禮遇，真是隆重，《拾遺記》這樣描寫：「帝遣車十乘以迎靈芸，車皆鏤寶為輪，丹畫其轂，軛前有雜寶，為龍鳳銜百子鈴，鏗鏘和鳴，響于林野。靈芸未至京師數十里，膏燭之光，相繼不滅。車徒噎路，塵起蔽于星月，時人謂『塵霄』。又築土為台，基高三十丈，列燭于台下，而名曰『燭台』，遠望如列星墜地。」文帝自已乘車出迎，看到如此盛況，禁不住歎曰：「昔者言，朝為行雲，暮為行雨，今非雲非雨，非朝非暮。」因而叫靈芸為「夜來」，後代有「夜來香」之花名，源出於此。後人敍述靈芸入京的情狀，有詩為證：

唾壺滿是血凝池，誰解當年泣別時？兒本有娘如碧玉，君胡強聘獻丹墀？
遺塵紅淚憐相惜，明燭膏光忍送伊，非雨非雲朝亦暮，夜來千古繫人思。

薛靈芸入宮後，受到百般寵愛，由於她工於縫繡，而且夜裡不用燭火，黑暗中照樣縫繡，文帝讚為「神針」，非靈芸縫製的衣服不穿，可見相愛之深。

為了撫慰靈芸的思鄉之情，文帝在後宮築九華台、鑿流香池，引進江南荷花，和靈芸泛舟取樂。曾寫下不朽的《芙蓉池》詩，描敍美景：「乘輦夜行遊，逍遙步西園，雙渠相溉灌，嘉木繞通川。卑枝拂羽蓋，修條摩蒼天；悰風扶輪轂，飛鳥翔我前。丹霞夾明月，華星出雲間；上天垂光彩，五色一何鮮！壽命非松喬，誰能得成仙？遨遊快心意，保己終百年。」這首詩有點讖味，果然文帝不久就病逝，享年僅四十歲。他遺命將後宮淑媛嬪妃一律遣送回家，薛靈芸也被送出宮去，回到故鄉常山，以後的事，就沒有箚記史料可稽了。

27. 傷心豈獨息夫人

我國春秋時代還有一位大美人，名叫息媯，她出生於陳國的媯姓世家，長得是如花似玉、嬌艷清秀，嫁給息國王侯，人稱息夫人。她有一個姐姐，也長得很漂亮，嫁給蔡國王侯為夫人。有一次息夫人路過蔡國，要回陳國娘家去探親，順便到蔡侯府上去看看姐姐，在歡宴席上蔡侯酒後對小姨子有點失態，使息夫人很尷尬，回到息國後，忍不住加油添醬告訴了夫婿息侯，所謂女人長舌，原本是小事一樁，可是經她這一訴說，竟惹出了三個國家的戰爭、兩個國家的滅亡。

原來息侯聽了夫人的話，對連襟蔡侯非常不滿，於是暗中與楚國文王勾結，慫恿楚王進兵蔡國，蔡侯只好獻上金銀財寶，成為楚國附庸。事後蔡侯心有不甘，乘機向楚文王密告說息侯的夫人有傾國傾城的姿容，文王本是好色之徒，自然動心，立即出兵攻打息國，將息侯俘虜，把他安置在汝水，封以十家之邑。息夫人被納進宮中，果然是後宮粉黛無顏色，從此楚王不早朝。

息夫人在楚宮三年，先後為楚文王生了兩個兒子，但是這三年中，她從來不開口和文王説話，經常以淚洗臉，後悔當年自己多言，才把事情搞成這樣，所以三年不語，以示自責。《左傳》云：「楚遂滅息，以息嬀歸。生堵敖及成王焉。未言，楚子問之，對曰：『吾一婦人，而事二夫，縱弗能死，其又奚言？』」

楚文王知道息夫人一定很恨蔡侯，因此乾脆滅了蔡國，把蔡侯扣留在楚國九年，後來死在楚國。但是息夫人仍然不主動開口説話，傳説有一次她趁楚文王出外狩獵的時候，偷出宮去和丈夫息侯見面，兩人抱頭痛哭，然後雙雙撞壁而死，血濺滿地，楚人很感動，在其血濺死處遍植桃花紀念，後來還在漢陽府黃陂縣東三十里處建了桃花洞和桃花夫人廟，甚至尊她為主宰桃花的花神。

雖然《呂氏春秋》和劉向編的《烈女傳》中所記載的多少有點出入，但是息夫人的生平，確是史上常被討論的事件，有人同情她、有人批評她、也有人讚美她，我們看唐代詩人杜牧《題桃花夫人廟》詩云：「細腰宮裏露桃新，脈脈無言幾度春。至竟息亡緣底事？可憐金谷墜樓人。」意指息夫人為甚麼不學石崇的愛妾綠珠，當孫秀派人強奪時，她立即跳樓自殺，保持了名節。唐代胡曾的《詠息嬀》詩云：「息亡身入楚王家，回看春風一面花。感舊不言常掩淚，只應翻恨有容華。」好像只該怪自己長得太漂亮，所謂「紅顏薄命」也。

宋代詩人宋之問非常同情她，用平實的筆觸寫下《息夫人》詩云：「可憐楚破息，腸斷息夫人，乃為泉下骨，不作楚王嬪。楚王寵莫盛，息君情更親，情親怨生別，一朝俱殺身。」王維也有一首《息夫人》詩云：「莫以今時寵，能忘舊日恩，看花滿眼淚，不共楚王言。」這是讚賞息夫人的詩，前兩句很有勸世醒人的意思，試看古今中外，多少男女往往都是「竟以今時寵，忘卻舊日恩。」

清初詩人鄧漢儀題《息夫人廟》詩云：「楚宮慵掃黛眉新，隻自無言對暮春。千古艱難唯一死，傷心豈獨息夫人。」另有《桃花夫人》詩云：「桃花夫人好顏色，月中飛出雲中得，新感恩仍舊感恩，一傾城矣再傾國。」這又帶有嘲諷美人的味道，自古紅顏誤國，成為約定俗成的觀念，對女人實在不太公平。

28. 因詩賈禍蕭觀音

古代遼國，由耶律部族居皇室，與另一蕭部族的女子聯姻，世代相配，蕭部族的婦女很少讀書，大多跟男子一樣，例如景宗的皇后蕭燕燕，就多次親率大軍攻打北宋，只有道宗的皇后蕭觀音特別喜愛詩詞音樂，是一位絕代才女。

這個蕭皇后，是遼國樞密使蕭惠之女，據《遼史》載她「姿容冠絕，工詩，善談論，自製歌詞，尤善琵琶、書法。」十七歲時被冊封為皇后。

年輕的道宗，生性愛動好鬪，喜歡狩獵，經常帶領臣子入山追逐野獸取樂，清寧二年八月，道宗又登山秋獵，蕭皇后和嬪妃也一道跟隨，來到一處山坡上，形勢險要，林木蒼蒼，道宗要皇后賦詩，她略作思索，立即開口唸道：

威風萬里壓南邦，東去能翻鴨綠江。靈怪大千俱破膽，那教猛虎不投降？

道宗大喜，誇讚「皇后真女中才子！」遂將該處取名為「伏虎林」。次日，道宗果然射中猛虎，群臣大呼萬歲，道宗笑謂：「朕射得此虎，庶不愧后詩。」

蕭觀音很傾慕大唐徐賢妃的行事，所以也經常進諫得失，道宗開始還頗為領情，覺得皇后賢慧，但是日子久了，就嫌太囉嗦，尤其對他狩獵的事，那是他的最大樂趣，一馬當先，深入邃谷，隨扈跟隨不及，往往尋找不到，皇上引以樂，這使皇后非常耽心皇上的安危，因此難免多諫勸幾句，使得道宗更感厭惡，開始慢慢疏遠皇后，移愛於不會對他囉嗦的嬪妃。

隔了一段很長的日子，蕭觀音被冷落在後宮，見不到皇上，心中苦悶，乃寫了一闋詞，題曰《回心院》，共有十節，情詞並茂，意虔辭懇，每節的最末兩句都是深切的懇求：「掃深殿，待君宴。拂象床，待君王。換香枕，待君寢。鋪錦被，待君睡。裝繡帳，待君晛。疊錦茵，待君臨。展瑤席，待君息。剔銀燈，待君行。爇薰爐，待君娛。張鳴箏，待君聽。」多麼深情的召喚，多麼旖旎的期待，只是道宗並不為所動，依然喜新厭舊，將她冷落。

當時蕭觀音還把《回心院》譜成樂曲，被之管絃，命人演奏，但是宮中只有一個叫趙惟一的樂官奏演得最好，因此常常召他合奏，皇后親彈琵琶、趙惟一吹玉笛，絲竹相和，邊彈邊唱，皇后唱到傷心處，不禁唏噓淚下。

時朝中皇族耶律乙辛大權獨攬，野心日現，太子耶律濬看出端睨，使乙辛既忌憚又不安，遂與宰相張孝傑合謀，要除掉太子，乃先從他的母后下手，於是託人撰寫《十香淫詞》，詞意華麗而香艷，暗使宮婢轉呈皇后：「此宋國忒里蹇所作，如得御書，便稱二絕。」蕭觀音讀而喜之，遂親筆謄寫一份，一時詩興大發，附加一首《懷古詩》批評趙飛燕于後云：「宮中只數趙家妝，敗雨殘雲誤漢王。惟有知情一片月，曾窺飛燕入昭陽。」耶律乙辛得到了皇后的書法和題詩，就向皇帝誣后和樂官趙惟一有姦情，不但寫了淫穢的詩，還題《懷古詩》中暗嵌樂官「趙惟一」三字，道宗閱後大怒，敕后自盡，並廢太子為庶民，幾年後亦被人害死。

被人陷害，因詩賈禍，蕭觀音自盡前還寫了《絕命詞》，淒楚感人，死年方三十六歲。後來道宗發覺耶律乙辛志在奪位，乃以其妄圖投宋為由而殺之，道宗死後，孫子耶律延德就位，替祖母報仇，盡誅耶律乙辛後裔，並鞭張孝傑屍骸。

29.

玉體橫陳馮小憐

一笑傾城國便亡，何勞荊棘始堪傷？小憐玉體橫陳夜，已報周師入晉陽。

巧笑知堪敵萬機，傾城最在著戎衣。晉陽已陷休回顧，更請君王獵一圍。

上面的詩是李商隱的《北齊二首》，專為北齊後主高緯的寵妃馮小憐而寫。

馮小憐，原是北齊後主高緯的穆皇后身邊的侍婢，長得美貌聰慧，而且精通音律、擅長樂器、能歌善舞，由於齊後主寵愛曹昭儀，冷落了穆皇后，皇后乃將馮小憐調教妝扮一番，推介給皇上，企圖分化對曹昭儀的寵幸，高緯一見馮小憐冰肌玉骨、艷麗如花，不禁神魂顛倒，立即召幸，事後更覺妙不可言，簡直是女中尤物，於是大為寵愛，封為淑妃。《北史》卷十四載：「馮淑妃，名小憐，大穆后從婢也。穆后愛衰，以五月五日進之，號曰續命。慧黠，能彈琵琶，工歌舞，後主惑之，坐則同席，出則並馬，願得生死一處。」

穆皇后利用馮小憐去排擠曹昭儀的目的是達到了，但是去了曹昭儀，卻來了馮淑妃，而且比曹昭儀更受寵愛，皇后仍然被冷落，這真是始料未及。

更誇張的是齊後主和大臣們議事論政時，也經常把馮小憐抱在懷裡或是坐在膝上，讓大臣們覥靦不已，由於馮小憐實在長得太美了，身材曲線玲瓏、肌膚嫩滑細膩，齊後主覺得這麼美麗的尤物應該炫耀一下，於是叫馮小憐裸臥在殿堂上，讓群臣圍觀，一覽秀色，所謂「玉體橫陳」的典故，就是源自於此。

有一年，北周發動軍馬伐齊，圍攻平陽。《北史》記云：「帝獵於三堆，晉州亟告急，帝將還，淑妃請更殺一圍，帝從其言。」為了不忍打斷愛妃的興致，居然擱下緊急戰報，再打一圍狩獵，多捉幾隻野獸，結果是平陽淪陷了。

第二天，齊後主調集軍馬，馮淑妃戎裝隨行，要去光復平陽城，將士們在城外挖掘地道，逼近城下，把城牆挖塌了十幾丈，正打算衝入城去，後主高緯突然下令暫停衝鋒，派人到陣後去請馮淑妃前來觀看，馮淑妃開始穿著戎裝，畫眉刷鬢、抹粉擦脂，慢吞吞地打扮停當，來到陣前時，守平陽的周軍已經用木柵將缺口堵塞起來，防衛堅固，這時齊後主下令衝鋒給淑妃觀看，可是軍隊士氣已衰，無心攻堅，反而被周軍打出城來，兩軍肉搏，傷亡慘重，淑妃在馬上看到齊兵被砍，血肉模糊，大驚失色，狂呼糟糕，「敗了！敗了！」這一嚷嚷，齊兵大亂，更無鬥志，立刻後撤，高緯拉了淑妃的馬，回頭就奔，北齊軍隊看到皇帝逃跑，誰敢不逃？一口氣潰退到晉陽，周軍已尾隨而至，高緯大驚，連夜開了五龍門逃走，跑到鄴城，但是又被周軍攻陷，高緯和馮小憐被擒，北齊遂亡。周主先封高緯為溫國公，不久藉故殺之，將馮小憐賞給代王宇文達做妾婢，她擠掉宇文達的寵妾李妃，備受寵愛。有一天，宇文達命小憐彈琵琶，忽斷一絃，小憐隨口吟詩一首：

雖蒙今日寵，猶憶昔時憐，欲知心斷絕，應看膠上絃。

不久，宇文達被隋主楊堅所殺，將馮小憐賜與李詢。李詢是宇文達的李妃之兄，懷恨小憐當年排擠其妹之仇，乃令小憐改穿布裙，舂米劈柴、燒飯洗衣，還時加咒罵，小憐無法忍受，只好自殺而死。

馮小憐之美艷，加上齊後主之昏庸，北齊焉得不國破家亡？

30. 平陽公主娘子軍

河北省平定縣境內有一座關隘，名曰「娘子關」，座落於懸崖山脊之上，是太行山上最險要的，世傳為長城的第九關，也是山西與河北兩省的界關。

娘子關本名葦澤關，現存東、南兩座關門，和六百五十米長的城牆，南關門上有「京畿藩屏」四個大字，城臺上有宿將樓，石柱上兩副楹聯曰：

雄關百二誰為最？要路三千此並名。

樓頭古戍樓邊寨，城外青山城下河。

東關門上鐫刻「直隸娘子關」五個大字，這娘子關，可是大有來頭。

原來在隋煬帝末葉，天下大亂，群雄並起，在山西的李淵也起兵逐鹿中原。他有十九個兒女，老三是女兒，後人叫她做李秀寧，和李建成、李世民、李元吉是同母兄弟，十七歲時嫁給武將柴紹，住在長安，由於隋煬帝下旨捉拿李氏家小，李秀寧和丈夫匆忙分頭逃命，她女扮男裝，自稱李公子，回到鄠縣賣掉李氏莊園，帶了金銀財寶，一面賑濟災民，一面招兵買馬，儼然一方軍頭，這時長安周圍，盡是土匪盤據，互相殺伐，李秀寧運用謀略，從中利用各方的矛盾，一一收編到自已手下，軍容日漸壯大，其間有一股最大的勢力是來自西域的胡商何潘仁，擁有兩萬人馬，她派了親信馬三寶前去遊說，曉以大義，何潘仁居然率眾歸附了她，這一下聲勢大振，其餘的土匪頭子莫不聞風歸順。說也奇怪，那些毛賊，都是打家劫舍、殺人放火的盜匪，一般好漢都很難控制駕馭他們，竟在她一個年輕女子領導之下，變成一支壯盛的隊伍，順利展開攻城掠地，擴張地盤的戰爭，先後佔領了武功、周至、始平等縣城，人數也擴充至七萬多人，在佔領區內修城牆、築關隘，把原先的葦澤關加固，更名「娘子關」，她曾經在城門上的「宿將樓」駐紮，可見她的組織和指揮能力是多麼厲害！膽識和魄力是何等超人！

公元六一七年九月，起義的李淵率領主力渡過黃河，進入關中一帶，發覺他的三女兒已經為他在關中打下了天下，立即派柴紹去和李秀寧聯絡，自從長安分頭亡命之後，久乏音訊，如今夫妻重逢，自然格外歡喜，柴紹看到妻子統帥大軍，獨當一面，威風凜凜，成就非凡，既驚訝又欽佩，於是李秀寧挑選一萬多名精兵，號稱「娘子軍」，與兄弟李世民在渭河北岸會師，聲勢大盛，當年十一月九日，攻下長安，隋朝大勢已去，李氏王朝——

大唐乃告誕生。

由於有李秀寧娘子軍的接應支援，而且事先已將關中一帶綏靖妥當，對李氏唐朝的建立，居功至偉，娘子軍的名氣，永垂史冊，因此，後來李淵封她為平陽公主，史籍《舊唐書》和《新唐書》都有平陽公主的事略記載，後人只知有平陽公主，而不知她真正的名字了。很可惜的是她的壽命很短，唐書記載她死于公元六二三年，可能是在討伐叛軍劉黑達時受傷而亡，因此她是史上第一位以軍禮下葬的女將領，葬禮儀隊中有前後部羽葆鼓吹樂隊、大輅、麾幢、劍班四十人、虎賁甲卒一隊，這種儀仗隊是很隆重的軍禮，唯有平陽公主有此殊榮。因此後人有詩讚曰：「巾幗英雄膽氣豪，腰橫秋水艷翎刀；功成名就天下定，女兒紅妝換戰袍。」

31. 三千寵愛在一身

楊玉環，唐明皇的愛妃，史稱楊貴妃，是四大美人之四，據說她在御花園賞花時，碰觸到的花草，都立即閉攏起來（也許是含羞草），因而傳說是花草自愧不如她的姿色，故有「閉花之貌」的美譽。她的容貌，在四大美人中，並不一定是排在最後，而是依朝代的先後順序排列，也有一說是依「沉魚、落雁、羞月、閉花」這四項形容詞的順序，所以把她列在四美之末。

據唐代白居易的好友陳鴻寫的《長恨歌傳》說：唐明皇詔高力士潛搜外宮，「得弘農楊玄琰女於壽邸，既笄矣，鬒髮膩理，纖穠中度，舉止閑冶，如漢武帝李夫人。」又說她「光彩煥發、轉動照人，由是冶其容、敏其詞、婉孌萬態，以中上意。」這幾句大致已經描繪出了輪廓，白居易接著再補充形容：「天生麗質難自棄，一朝選在君王側，回眸一笑百媚生，六宮粉黛無顏色。」「承歡侍宴無閒暇，春從春遊夜專夜，後宮佳麗三千人，三千寵愛在一身。」這就把楊玉環的姿容美貌、受寵被愛的情狀栩栩如生地和盤托出了。

有一句成語說：「燕瘦環肥。」漢帝寵愛嬌瘦得可作掌上舞的趙飛燕，所謂君王好細腰，宮中多餓死，因而漢代纖瘦苗條的女人被視為美女；到了唐代，由於明皇欣賞肉感的楊貴妃，於是咸以豐盈的女子為美，我們看白居易所吟「溫泉水滑洗凝脂。」以及《舊唐書貴妃傳》所云「太真姿質豐艷。」還有曹鄴的《梅妃傳》中江采蘋罵她是「肥婢」這些資料，就可肯定她是一個肌膚豐腴而且細膩白嫩的性感女郎。

楊玉環十八歲奉詔入宮，仗著她的年輕媚嫵和善體上意，迷得五十二歲的明皇神魂顛倒，老少配纏綿繾綣了二十年，其間雖然也有兩次勃谿，被趕出宮，但是由於她懂得撒嬌作態，反而使明皇更離不開她，憑她的巧言美色，還鬪垮了賢慧的梅妃江采蘋，一直到馬嵬坡兵變喪命，她才三十八歲，而唐明皇已經七十二歲了，還是被她的豐姿嬌態深深地吸引著，古來帝妃，能夠這樣相愛長達二十年而不衰弛的幾乎找不到第二個，由此可知楊玉環的媚力！

這位美人，由於生活窮奢極侈、牽引親族，而害民誤國，留下了很壞的榜樣，佐證了紅顏禍水的論說，以致最終死得不明不白。雖然有許多史料和學者的研究，她的死法迄今還是一個謎，起碼有好幾種說法：

一是據《舊唐書》和《唐國史補》都說「縊死於佛堂。」陳鴻說：「倉皇輾轉，竟死于尺組之下。」第二說是死于亂軍之中，這是根據杜甫的「明眸皓齒今何在？血汙游魂歸不得。」以及杜牧的「喧呼馬嵬血，零落羽林槍。」和溫庭筠的「埋血空生碧草愁」等詩句而來；第三說是「吞金而死。」這是劉禹錫的「貴人飲金屑，倏忽舜英暮。」以及「如何共誓長生殿，不抵屑金夢一場」的詩句為證；第四種是學者魏聚賢在其所著《中國人發現美洲》中說她沒有死於馬嵬坡，而是逃亡飄流到美洲。另有作家姜龍昭在其所著《楊貴妃考證研究》中說她由高力士和將領陳玄禮密謀，以一侍女替死，而由親信護送她逃離馬嵬坡，出海逃亡到日本，迄今日本京都久谷町的五輪塔，就是楊貴妃的埋身之地云云。

32. 傲骨飄香江梅妃

唐明皇的兩個愛妃——江梅妃與楊貴妃，都活生生地死於安史之亂。楊貴妃被逼縊死於馬嵬坡，死有餘辜；江梅妃則自殺死於陽東宮，死得冤枉。

江采蘋，唐開元十年（公元七二三年）出生於福建莆田黃石鎮江東村，距離湄洲媽祖林默娘的出生地不到三十公里，比媽祖早出生二三七年。父親江仲遜，是個飽讀詩書的秀才醫生，膝下只有這個獨生女，自幼聰明伶俐，她父親傾其所學，口傳面授，她領悟力極強，九歲就能背誦許多詩篇，十五歲時已能吟詩作賦，精通管樂，尤善歌舞，她所寫的《蕭蘭》、《梨園》、《梅花》、《鳳笛》、《綺窗》、《剪刀》等幾篇賦文，已傳遍遐邇，驚動士林，譽為才女。

正好這年唐明皇心愛的蕭淑妃因病去世，後宮佳麗三千，沒有一個能夠填補空虛，於是內侍建議「天下選秀」，莆田江采蘋脫穎而出，選進宮中，唐明皇一見，就被她那高雅端莊、艷麗娟秀的氣質所吸引，發覺她談吐優雅，言辭婉約，學識豐富，文才華茂，更是寵愛有加。皇帝知道她喜歡梅花，就在住處遍植梅樹，封為「梅妃」，經常攜手梅花樹下，飲酒賞花、品簫度曲，流連終日，其樂融融。

可是好景不長在，好花不常開，這種恩愛親密的日子只維持了三年，喜新厭舊的唐明皇，又看上了楊玉環，當時梅妃曾吟一詩暗諷楊玉環：

拋卻巫山下楚雲，南宮一夜玉樓春；冰肌玉骨誰能似？錦繡江天半為君。

楊玉環看到了詩，自然很不是滋味，於是也寫了一首詩反諷：

美艷何曾減卻春？梅花雪裏減清真；縱教借得春風草，不與凡花鬥色新。

唐明皇讀了二妃的詩，滿口讚美後者，而不評論前者，當時他已被楊貴妃所迷惑，那裡還顧到江梅妃？自此二美爭寵，江梅妃冷傲自負，楊貴妃嫵媚淫蕩，勝負立判，不久，江梅妃被逼遷入陽東宮，過著淒清如同冷宮的日子。

幾年後某日，唐明皇良心發現，想起了梅妃，派太監送了一斛珍珠給她，這時她已心灰意冷，仍然傲氣凜然，立即寫了一首詩連同珍珠送還給皇帝：

柳葉雙眉久不描，殘妝和淚污紅綃；長門自是無梳洗，何必珍珠慰寂寥？

此詩被後人稱為「一斛珠」，作為詞牌。後來她還寫了一篇感人的《樓東賦》，描述她的幽怨與淒清，竟被楊貴妃拿來皇帝面前挑唆，差點闖出大禍。

好色昏庸的皇帝，不愛江梅妃而愛楊貴妃，結果是朝綱不振，天下大亂，安祿山兵陷長安，楊貴妃被迫縊死於馬嵬坡，江梅妃則在叛軍進宮前，用白綾纏身，投井自殺，保持貞潔與尊嚴，免受亂兵所辱，死時才三十四歲。

據《莆田縣志》云：「采蘋死後，莆人深情懷念她，在她的故里東華村建浦口宮以為紀念。」迄今莆人仍稱她為「祖姑皇妃」，詩人李光岱有《咏梅妃》詩云：

遺事開元已渺茫，梅花浦口永飄香，珍珠一闋傳千古，亮節堪爭烈日光。

後世有人認為正史《唐書》中並無梅妃的列傳，懷疑其真實性，近年來經由梅妃鄉里同宗江國興的查考求證，奔走說明，列舉諸多具體的資料史實，足證確有其人其事，不容置疑，試看古時興化府衙（轄莆田仙遊二縣）的大門楹聯，就可知道肯定確有其人——

「荔子甲天下、梅妃是部民。」

33. 後庭花唱張麗華

唐代詩人杜牧有一首名詩：

煙籠寒水月籠沙，夜泊秦淮近酒家；商女不知亡國恨，隔江猶唱後庭花。

這「玉樹後庭花」本是陳後主為寵妃張麗華所作的歌詞。張麗華：生父以編織草蓆為業，家境貧苦，所以她十歲時便被賣入宮中，充當太子陳叔寶嬪妃的侍女，這小姑娘不但聰明乖巧，而且長得甜美可愛，幾年後，正是青春發育期，更是亮麗耀眼、嬌艷如花，陳叔寶是個花花太歲，自然不會輕易放過，春風數度之後，居然受孕，生下一男，取名陳深，不久陳宣帝死，陳叔寶即位為陳後主，就冊立張麗華為皇貴妃，自此她遂寵冠六宮、愛聚一身。

《陳書》：「張貴妃髮長七尺，鬒黑如漆，其光可鑑，特聰慧，有神采，進止閑暇，容色端麗，每瞻視盼睞，光彩溢目，照暎左右，常於閣上靚粧，臨于軒檻，宮中遙望，飄若神仙。」如此秀麗，難怪陳後主被其所迷，連上朝議政時，也把她抱在膝上，同決國家大事。她的記憶力特別強，朝庭大小事故，她都記得清清楚楚，後主益加寵愛，還特地為她蓋了三座閣樓，後主自己住在臨春閣，張麗華住在結綺閣，龔、孔兩嬪妃同住望仙閣，那窗牖欄檻，都用檀香木造成，四週植以奇花香草、異樹盆栽；假山蓮池、曲橋涼亭，陳後主還經常把江總、陳暄、孔范等文學大臣召進宮來，與貴妃一起在內苑飲酒賦詩、歌舞笑謔，陳後主靈感泉湧，寫下了一首有名的《玉樹後庭花》：

麗宇芳林對高閣，新粧艷質本傾城；映戶凝嬌乍不進，出帷含態笑相迎。
妖姬臉似花含露，玉樹流光照後庭；花開花落不長久，落紅滿地歸寂中。

這首詩譜成曲調，由張麗華主唱，千名宮女合唱，響徹雲霄，繞樑數日，陳後主樂不可支，殊不知那詩句雖然道盡旖旎風光、人艷花香，但是末兩句宛似讖語，充滿悲情與不祥之兆。

張麗華恃寵而驕，著手干政，《陳書》云：「於是張孔之勢，薰灼四方，大臣執政，亦從風而靡，閹臣便佞之徒，內外交結，轉相引進，賄賂公行，賞罰無常，綱紀瞀亂矣。」如此這般，正好江北的隋文帝力圖統一江南，知道陳國已在沉淪，機會難得，於是發兵五十萬，由晉王楊廣節度，分進合擊，直逼陳朝都城南京，前線飛書告急，陳後主收到急報時，正與張麗華在床上調戲，隨手把急報放在枕邊，忘了啟封。清代詩人宋元鼎有詩嘆曰：「壁月庭花夜夜重，隋兵已斷曲河中，麗華膝上能多記，偏忘床頭告急封。」真是令人感慨。

隋軍很快攻進南京城，先鋒韓擒虎最先進入朱雀門，率領五百精兵，衝進皇宮，要活擒陳後主，可是宮中早已逃走一空，遍尋不著，忽報後庭有一古井，井中有人，於是放下繩子，叫井中人自已綑好，拉起來時覺得很重，原來繩子一串縛了三個人；陳後主、孔貴嬪和張麗華。好色的楊廣看到張麗華確是漂亮，本想留下為妾，後來被大將高熲幾句話所阻，才將她斬於青溪大中橋畔。

後人有詩諷云：「擒虎戈矛滿六宮，春花無樹不秋風；倉皇益見多情處，同穴甘心赴井中。」一代美人，誤人害己，被斬時才三十年華。

34. 命帶桃花蕭美人

女人長得美如天仙，妖艷迷人，可惜往往命帶桃花，就像精緻的古寶，人見人愛，結果是經常更迭歸屬，換了不少主人，不能守一而終，令人感慨。

梁明帝的女兒蕭氏，自幼出類拔萃，嬌媚艷麗，剛滿十三歲，就被隋文帝的二十五歲兒子楊廣冊選為妃，數年後楊廣登基為隋煬帝，她就被立為皇后。據《史記北史》載：「后性婉順，有智識，好學，解屬文，頗知占候。」既漂亮，又有學問，而且貴為皇后，這一生該是富貴榮華、享樂不盡了，可是不然，煬帝的荒淫昏庸，使她陷入泥淖，屢勸無用，只好由命。她曾作《述志賦》以自勉，並藉以提醒煬帝，詞句雋美，立意至善，如「願立志於恭儉，私自兢於誡盈，孰有念於知足，苟無希於濫名。」又云：「珠簾玉箔之奇，金屋瑤臺之美，雖時俗之崇麗，蓋哲人之所鄙。」但是隋煬帝正沉迷在酒色之中，那裡聽得進忠言？

在蕭皇后被隋煬帝逐漸冷落的情況下，她的青春美貌和滿腔才情，找到了一個依著點，那是隋宮海山殿的護衛校尉宇文化及，這小子年輕英俊，一身武藝，對美若嫦娥的蕭皇后，早就夢寐以求，於是乾柴烈火，就在暗中悶燒起來。

不久，隋煬帝的荒唐搞得天下大亂，各路英雄，紛紛起義，李淵攻下長安，宇文化及兄弟在揚州也起兵反叛，率兵打進隋宮，五十歲的隋煬帝就在寢殿被縊死，蕭皇后正式成了老情人宇文化及的偏房，後來宇文化及在魏縣自立為「許帝」，封她為淑妃，但是另一股竇建德的軍隊這時打入魏縣，許帝携帶後宮后妃逃到聊城，結果還是被竇建德所追殺，蕭淑妃又淪入竇建德的懷抱，由於她實在太漂亮了，又懂得詩詞歌賦、琴棋書畫，竇建德有了這樣艷麗的大美人，一時沉醉於溫柔鄉中，縱情聲色，把當初起兵逐鹿中原的宏圖幾乎忘得一乾二淨。

由於中原變亂，北方的突厥乘機坐大，原來隋煬帝有一個妹妹義成公主和番嫁給突厥可汗，這時義成公主打聽到嫂嫂落在竇建德手中，就要求可汗派人去要人，竇建德不敢得罪突厥，再加上他的原配妻子曹氏老是爭風吃醋，令他頭痛，正好割愛讓蕭美人隨著來使去了突厥。

蕭美人原以為從此可以擺脫糾絆，到異域去過平靜的後半生了，誰知道她太美艷了，突厥可汗一看到她就著了迷，到口的羔羊怎麼肯輕易放手？於是，她又成了可汗的愛妃，義成公主由小姑的身份變成了她的姐姐，真是命運捉弄人，蕭美人的桃花運還沒有走完，原因是突厥可汗不久忽然猝死，新可汗繼位，依照番俗，新可汗概括承受了老可汗的妻妾，可悲的蕭美人，又更換了一個主人。

十年之後，唐太宗貞觀四年，大將軍李靖大敗突厥，突厥可汗降附，李靖帶蕭美人班師回到長安，這時她已經四十八歲了，徐娘半老，天生麗質猶未稍減，婀娜身材仍然苗條，亭亭玉立，楚楚可人，竟使三十三歲的李世民一見鍾情，立即納入後宮，後來封為昭容，成為李世民的愛妃。

蕭美人當了蕭昭容，從此才得在唐宮安享十八年恬靜的日子，活到六十六歲，她由十三歲做太子妃、然後是隋皇后，許帝淑妃，又淪為偏房、愛妾、還做了兩任番王妃，最後才定位於唐太宗的昭容，莫非蕭大美人真的是命帶桃花不成？

35. 才貌無雙甄夫人

甄夫人，名洛，是漢代上蔡縣令甄逸的么女，上面有三個哥哥、四個姐姐，只有甄洛最聰明秀麗，喜歡讀書，九歲時就可以誦詩屬文。從小她就與眾不同，見解特異，當時天下兵亂，加以饑饉，百姓皆收藏金銀珠寶，時甄家儲穀極多，也要賣穀購存金銀，甄洛對母親說：「今世亂而多買寶物，匹夫無罪，懷寶為罪。又左右皆饑乏，不如以穀賑給親族鄰里，廣為恩施也。」全家都覺得她說得有理，立即照辦，甄家遂得到遠近居民的感戴，甄洛的賢德，也隨之名傳遐邇。

建安中，雄霸一方的袁紹中子袁熙慕名迎娶甄洛，不幸的是袁紹在官渡之戰兵敗病死，曹操乘機出兵，曹丕進入袁府，看見有一少女嚇得把臉伏在袁紹妻劉夫人的膝上，曹丕問那女子是誰？劉夫人答說是袁熙之妻甄洛，曹丕久聞其名，命她抬起頭來。《魏書》卷五這樣記載：姑乃捧起甄洛的頭，讓她臉對曹丕，曹丕一看，果然姿貌絕倫，大為讚歎，曹操聞其意，遂為迎娶。婚後深受寵愛，次年就生下了一男，接著又生一女，男的就是後來的魏明帝曹睿。

公元二二〇年，曹丕篡漢為魏文帝，準備冊立皇后，這時甄洛已經三十八歲，自然無法和年輕美麗的郭氏、李貴人、陰貴人諸妃爭寵，再加上那郭氏從中挑撥，誣指其子曹睿可能不是曹家的骨肉，有一天曹丕還認真逼問甄洛，使甄洛大為不悅，當面斥責曹丕，不該聽信讒言，曹丕老羞成怒，於公元二二一年賜甄洛自盡，立郭氏為后。但是五年後，曹丕就死了，兒子曹睿接位為魏明帝，立即為母親甄洛平反昭雪，追謚「文昭皇后」，所以甄洛是死後才當上皇后的。

當曹丕尚未稱帝之前，他那年輕的弟弟曹植，可以經常見到慈善的嫂嫂，也被她的姿容所迷惑，由傾慕而暗戀，無法自禁。曹丕篡帝後，封曹植為東阿王，旋改封陳王，離開洛陽，甄洛被賜死那年，他回到洛陽朝見哥哥，由甄洛所生的兒子曹睿陪他共同進餐，曹植看著侄子，想起甄洛，心中有說不出的酸楚，餐後，曹丕將甄洛的遺物「玉鏤金帶枕」賜贈曹植，曹植睹物思人，在返回封地時夜宿舟中，夢見甄洛從洛水凌波御風而來，狀極雅麗，醒後感慨唏噓，於是文思激盪，靈感泉湧，寫了一篇《感甄賦》。四年後，曹丕身故，由魏明帝曹睿繼任，覺得原賦題目欠雅，遂改為《洛神賦》，這甄洛因洛神賦而名垂千古。

賦中把甄洛之美，描寫得細膩超凡：「其形也，翩若惊鴻，婉若游龍；榮曜秋菊，華茂春松。」又：「迫而察之；灼若芙蕖出綠波，濃纖得衷，修短合度，肩若削成，腰如約素；延頸秀項，皓質呈露，芳澤無加，鉛華弗御；雲髻峨峨，修眉聯娟；丹唇外朗，皓齒內鮮；」幾乎全篇都在描述甄洛之美，令人嘆為觀止。

其實甄洛不僅美麗，而且多才，試看她所留傳下來的這首《塘中行》：

「蒲生我池中，其葉何離離？傍能行仁義，莫若妾自知。眾口鑠黃金，使君生別離，念君去我時，獨愁常苦悲。想見君顏色，感結傷心脾，念君常悲苦，夜夜不能寐，莫以豪賢故，棄捐素所愛；莫以魚肉賤，棄捐蔥與薤；莫以麻枲賤，棄捐菅與蒯；出亦復何苦，入亦復何愁，邊地多悲風，樹木何脩脩？從君致獨樂，延年壽千秋。」從這首詩中，可以看出她的才情和理念，絕非普通的女子。

36. 花蕊夫人貌如花

在中國歷史上有兩位花蕊夫人，都長得花容玉貌、娉婷動人：

先説前一位；姓徐，姊妹二人同事前蜀主王建，姐姐叫大徐妃，生子名王衍；妹妹叫小徐妃，封為慧妃，稱花蕊夫人。王建死後，其子王衍繼位，荒淫昏庸，遊讌污亂，被後唐莊宗所滅，將王衍及大小徐妃押回京城，半途遇害身亡。

當前蜀被滅之後，後唐莊宗派孟知祥為兩川節度使，不久他就在四川僭號稱帝，但是不到幾個月就死了，由他的兒子孟昶繼位，史稱後蜀主，孟昶是個花花公子，好色貪淫，他廣徵各地美女入宮，其中有一位來自四川灌縣西邊青城費家的姑娘，年方二八，能歌善舞，詩書俱精，而且清標絕俗，貌若仙女，最受孟昶寵愛，譽為「花不足擬其色，蕊差堪狀其容。」因之也稱為花蕊夫人。

這位花蕊夫人曾經多次勸勉孟昶勵精圖治，加強防備，但是孟昶認為多年來四川風調雨順，五穀豐登，又有山川險阻，形勢天然，根本不用放在心上。

由於花蕊夫人喜愛芙蓉花，蜀主遂下令在御花園裡、城墻上、家家戶戶都種植芙蓉，盛開季節，全城一片花海，芳芬四溢，所以成都有「蓉城」之稱。

孟昶肥胖怕熱，於是就在摩訶池上建一水晶宮，以楠木為柱，檀香作樑，珊瑚嵌窗，碧玉砌檻，四周鑲以琉璃，用綾羅為簾幃，地鋪冰簟，孟昶脫去衣裳，花蕊夫人則「薄羅衫子透肌膚」，格外嬌媚動人，這兩人就在水晶殿中飲酒唱歌，吟詩填詞，花蕊夫人留下四十一首宮詞收在《全唐詩下卷》，還填了一些詞，惜多已失傳。她有一首《釣魚》詩云：「嫩荷香撲釣魚亭，水面文魚作對行。宮女齊來池畔看，傍簾呼喚莫高聲。」可以想像當時摩訶池畔的情景。怎知道此時中原政局已由後周改成了大宋，這蜀主依然醉生夢死，過著詩酒笙歌的日子。

《花間詞集》中有蘇東坡的「洞仙歌」自序云：「余七歲時，見眉山老尼姓朱，忘其名，年九十歲，自言嘗隨其師入蜀主孟昶宮中。一日，大熱，蜀主與花蕊夫人夜納涼於摩訶池上，作一詞，朱俱能記之，今四十年，朱死久矣，人無知此詞者，但記其首兩句，暇日尋味，豈洞仙歌令乎？乃為足之云。」其首兩句是「冰肌玉骨，正清涼無汗。」東坡為其續填為「水殿風來暗香滿，繡帘開、一點明月窺人，人未寢，欹枕釵橫鬢亂。起來攜素手，庭戶無聲，時見疏星渡河漢，試問夜如何？夜已三更，金波淡、玉繩低轉。但屈指、西風幾時來，又不道、流年暗中偷換。」原來只有前兩句是花蕊夫人所填，其餘均為蘇東坡所續。

花蕊夫人最膾炙人口的詩是：「君王城上豎降旗，妾在深宮那得知？十四萬人齊解甲，更無一個是男兒。」此詩是在六萬宋軍入川，孟昶不戰而降，被押送宋京，數日後孟昶被毒殺，花蕊夫人被納入後宮時，吟咏給宋太祖聽的。另外還吟了一闋詞：「初離蜀道心將碎，離恨綿綿，春日如年，馬上時時聞杜鵑。三千宮女皆花貌，共鬪嬋娟，髫學朝天，今日誰知是讖言？」據説此詞曾寫在離蜀赴京途中客棧的壁上，亡國之悲，句句哀怨，讀來令人傷感。

在宋室宮廷政爭中，花蕊夫人在參加一次皇家圍獵時被宋太祖趙匡胤的弟弟趙光義一箭射死，香消玉殞，死得冤枉。

37.

御夫有術萬貞兒

前些時候，台灣有兩對老妻少夫姐弟戀的新聞甚囂塵上，其實，我國北方古來不乏「小丈夫」的家庭，男孩才四五歲就娶個十來歲的大姑娘，半夜還要抱他下床解溲，這種老婆，亦母亦姐亦妻，照樣白頭偕老，不足為奇，最奇的是明朝有個皇帝也當小丈夫，而且對老婆百依百順，服服貼貼，真是古今罕見。

這位能使小丈夫皇帝愛心不逾的女人，姓萬名貞兒，公元一四三一年出生於山東諸城一個貧農之家，四歲就被送進皇宮，由於她乖巧聰明，善於察言觀色，討人喜歡，所以在十九歲那年，被孫太后派去照顧兩歲大的皇太子朱見深，她細心呵護，視同親生的兒子，帶他遊玩、嬉戲，朱見深也對她視同親娘，長到十六歲時，太子情竇初開，萬貞兒為他獻出了禁果，便變成了初戀情人，而這年她已經三十五歲了，竟令皇太子把親娘、姐姐、愛人、婢僕四種感情聚集在她一個人身上。

一四六四年正月，英宗朱祁鎮駕崩，皇太子朱見深繼任，是為明憲宗，也是明朝的第八個皇帝，他剛就位，就想冊封萬貞兒做皇后，但是遭到兩宮太后的堅決反對，認為她的身份、年紀都不相配，因此另外選了一位出身名門、年方十五歲的吳氏為皇后，憲宗無奈，只好封萬貞兒為貴妃。

令人費解的是憲宗對年輕貌美的吳皇后居然毫無愛意，卻對半老徐娘的萬貞兒情有獨鍾，經常臨幸萬貴妃的昭德宮，這讓新婚的皇后大為不悅，再加上萬貞兒在皇后面前踞傲失禮，激怒了皇后，叫人把萬貞兒杖責了一頓，她就在憲宗面前哭訴，這一來可讓憲宗心痛不已，不顧太后和群臣的反對，硬是下詔廢黜吳皇后，貶入冷宮，自此，萬貴妃在後宮權威顯赫，連兩宮太后都得讓她三分。

萬貞兒自認為是皇帝的褓姆兼警衛，《明史》云：「帝每遊幸，妃戎服前驅。」威風凜凜，無人敢攖其鋒。在她三十七歲那年，居然生下一個皇子，不料未滿月就猝死了，從此再也不曾受孕，萬貞兒心中難免更萌妒恨。《明史》載：「妃益驕，中官用事者一忤意，立見斥逐。掖廷御幸有身，飲藥傷墮者無數。」有一個漏網之魚的柏賢妃懷孕時瞞過了萬貞兒，生下一個皇子，皇帝大喜，取名祐極，但是不到兩歲，就突然猝死，後宮都知道是被誰毒死的，只是沒有人敢稟報皇上。

往後幾年，萬貞兒不但仍然寵冠六宮，甚至威及朝野，內連宦官，外結權臣，太監汪直、梁芳等巴結貴妃，以採辦為名，大肆貪瀆，憲宗視若無睹，不敢過問，每天只為無嗣煩惱。有一天，老太監張敏密告皇上；紀妃曾育一皇子，當初怕被人毒害，故委由張敏偷養在西內密室，已經六歲，皇上大喜，立即召見，取名祐樘，冊立為皇太子，封其生母紀妃為貴妃，可是不到一年，紀貴妃突然暴斃，張敏知道自已也命在旦夕，乾脆吞金自殺。萬貞兒千方百計還要毒害太子，並與太監串通，要脅皇帝廢掉太子，幸而太子精靈，逃過多次劫難，而且正好東嶽泰山發生地震，欽天監推測是易儲觸怒天意，才保住了太子的地位。

萬貞兒除不掉皇太子，又氣又惱，肝火攻心，終於一病不起，得年五十七歲，四十歲的憲宗悲痛不已，罷朝七日，悒悶寡歡，不到半年，竟也病故。

比憲宗大了十七歲的萬貞兒，居然能獨佔皇恩將近四十年，寧非怪事？

38. 薄命公主李仙惠

世間女子，大多嚮往身為「公主」，以為當了公主，一定是榮華富貴，必然嫁給豪門駙馬，過著幸福快樂的日子，其實不然，因為有許多公主，背負帝王之家的包袱，受到宮廷典儀冷酷的約束，下場反而不如一般平民百姓家的女子。

試看唐代永泰公主李仙惠，她是唐中宗李顯的第七個女兒，也就是唐高宗李治與女皇武則天的親孫女，從小就長得嬌嬝清秀，儀態萬千，性情直爽，是非分明。及笄那年，更出落得亭亭玉立，宛如出水芙蓉、含苞豆蔻，令多少王孫貴冑垂涎羨慕，時值武則天稱帝期間，武氏一族，權傾天下，李仙惠就在祖母女皇的欽點下，在公元七〇〇年九月嫁給了武則天的侄孫武延基，正是門當戶對，珠聯璧合，那武延基也長得一表人材，飽讀詩書，忠厚耿直，和李仙惠情投意合，婚後夫妻恩愛，原以為應該可以過著享樂安逸的幸福生活，豈料只因兩小口心直口快，禍從口出，惹來了殺身毀家之災。

依據《資治通鑑》載：「則天順聖皇后春秋高，政事多委張易之兄弟，邵王重潤與其妹永泰郡主、主婿魏王武延基竊議其事，易之訴于太后。九月壬申（初四日），太后皆逼令自殺。」這是說永泰公主和兄長邵王李重潤、夫婿武延基觸犯了武則天的面首，被張易之打了小報告，武則天聽了枕邊人的話，居然一下旨殺了自已的親孫李重潤、親孫女李仙惠，親侄孫武延基。另外《新唐書》卷八十三也有這樣簡單的記述：「永泰公主，以郡主下嫁武延基。大足中，忤張易之，為武后所殺。帝追贈以禮，改葬號墓為陵。」而《舊唐書》卷六及《張行成傳》、《李重潤傳》、《外戚武承嗣傳》等也有近似的敍述。

可憐的永泰公主李仙惠，新婚才滿一年，大足元年（公元七〇一年）九月就被祖母賜死，死時才十七歲，正是花樣年華，青春少女，只緣生在帝王家，被人幾句讒言，就斷送了生命，遑言甚麼幸福快樂的生活了。

按「大足」是武則天稱帝第十七年正月所改的年號，武則天賜死永泰公主夫婦之後第四年，也就是公元七〇五年，張柬之等舉兵誅張易之，擁中宗李顯復位，武則天隨即崩殂，原先永泰公主被逼死後只是草草埋葬，這時李顯為帝，對於自已親生的女兒冤死，難免心疼，於是下旨築陵，重葬永泰公主夫婦，才有《新唐書》中所云：「帝追贈以禮，改葬號墓為陵。」

公元一九六〇年九月，發掘永泰公主陵，屬封土堆墓，墓穴磚砌，由墓道、過洞、天井、雨道、墓室構成，全長八七點五米，墓中有彩繪陶俑、騎馬俑及陶瓷器皿等隨葬品、並有精美壁畫，其中有一塊石刻墓誌銘，並未說明公主是被女皇逼死，反而刻云：「珠胎毀月，怨十里之無香；瓊萼調春，忽雙童之秘藥。」史家從這段銘文中考證認為她是難產而死，甚至根據出土的十一塊骨盆碎片研究出公主的骨盆要比同齡女性的骨盆窄小得多，因此證實可能是難產而死。

到目前，這位永泰公主之死的真正原因，仍然是個謎，但是，她父親在武則天死後才為她改葬號墓為陵，則是事實，可憐的李仙惠，才十七歲就香消玉殞，只為了私下對張易之批評了幾句，就丟了生命，這樣的公主，還不如村姑。

39. 生於末世帝王家

可憐如花似玉女，生於末世帝王家。國破家亡烽煙起，飄零淪落夢天涯。

上面這首詩是前人專為長平公主而詠，吟來令人不勝感慨唏噓。

長平公主是明朝末代皇帝崇禎的女兒，名叫朱媺娖，是玉順妃所生，產後血崩而死。她自幼長得甜美可愛，周皇后甚為疼惜，一直親自撫養長大，她原稱坤興公主，至於「長平公主」乃是滿清順治皇帝賜給她的封號。

朱媺娖的命很好，她投胎帝王之家，可惜她的運太差，一出世就死了親娘，幸虧有周皇后撫育，到了十六歲，長得是金枝玉葉、花容柳腰；喜愛詩文、尤善針繡，是一位很能幹的姑娘，崇禎皇帝替她物色了一位狀元郎周顯為駙馬，正籌備喜事間，豈料青天霹靂，闖王李自成兵陷京師，皇城失守，崇禎皇帝眼看大勢已去，在自己決定自殺之前，為了使內眷免受盜賊侮辱，親自拔劍砍殺朱媺娖、及昭仁公主，並命周皇后和袁貴妃自裁，然後自己跑到煤山自縊了斷。這些經過，由張廷玉領銜編撰的《明史》卷一百二十一有簡略的記載：「長平公主，年十六，帝選周顯尚主，將婚，以寇警暫停，城陷，帝入壽寧宮，主牽帝衣哭，帝曰：『汝何故生我家？』以劍揮斫之，斷左臂，又斫昭仁公主於昭仁殿。越五日，長平公主復甦。」可憐的朱媺娖，有公主之命，可是沒有公主之運。

據傳；朱媺娖被父皇砍斷左臂之後，躺在血泊之中，崇禎帝以為已死，遂轉往昭仁殿把另一個女兒昭仁公主殺死，其實朱媺娖並沒有斷氣，只是失血昏迷，幸由太監何新揹起來，送到周皇后的父親國舅周奎府中，經醫生止血急救，五天後才逐漸甦醒過來。

後來，有許多反清復明的文人，就把朱媺娖當作希望的象徵，期待她能為明室復仇，編說她後來成了獨臂女尼，練成一身武功，浪跡江湖，伺機復國，如《倚晴樓》的《帝女花》、以及《碧血劍》、《鹿鼎記》等坊間小說，把她寫得神功蓋世、飛簷走壁，其實那都是後人情緒上的發洩，精神上的寄托。

史實又是如何？原來滿清入關主控中原後，為了籠絡人心，安定社會，對明室遺老，並不趕盡殺絕，順治皇帝找到了坤興公主朱媺娖，同情她的遭遇，封她為長平公主，她此時已萬念俱灰，無意受封，上書皇帝請求准予出家為尼，以了殘生，順治不但沒有同意，而且還找到周顯，讓倆小口奉旨完婚，替崇禎帝幫她完成了終身大事。

《明史》中這樣記述朱媺娖：「大清順治二年，上書言：九死臣妾，跼蹐高天，願髡緇空王，稍申罔極。詔不許，命顯復尚故主，土田邸第、金錢車馬、錫予有加，主涕泣，踰年病卒。」

照講她和周顯婚後，應該可以過幾年幸福的日子，因為清廷會利用她們夫婦作為收買漢人的樣板，必然會好好優遇她們，然而，她卻因受刺激太大、心情悒悶、臂傷後遺、環境不適，婚後就病痛纏身，第二年也就是順治三年，公元一六四六年農曆八月十八日不幸病逝，享年只有十八歲。不過民間另一種傳說，說她和周顯成親之夜，就雙雙自殺而亡。不管怎麼說，這位末世公主的確是夠可憐的。

40. 紅顏薄命董鄂妃

董鄂妃，是清初順治朝的一位神祕而傳奇的美女，她知書達禮、賢慧仁厚，極受順治皇帝的寵愛，只可惜紅顏薄命，才活了二十二歲，就香消玉殞。

話說順治皇帝十四歲時，就被安排娶了第一個皇后，她是蒙古博爾齊齊特氏族的姑娘，也是孝莊皇太后的侄女，她雖然健美，可惜刁鑽善妒，奢侈好動，與愛靜的順治個性不洽，第二年就把她降為「靜妃」，貶入冷宮；孝莊皇太后又把自己娘家的侄孫女嫁給順治為后，這個女人不懂禮儀，木訥粗魯，沒有女人味，順治仍不喜歡，因此心情鬱悴，正想又把她給廢掉，這時遇見了十八歲的滿族美女董鄂氏，她不但姿色秀麗、儀態萬千，最難得的是她非常對順治的胃口，前面兩個蒙古博爾齊齊特家族的女郎所缺乏的女人味，全聚在董鄂氏身上；而前後兩個皇后所有的缺點，在董鄂氏身上卻完全找不到，怪不得十九歲的順治帝，和董鄂氏相見恨晚，整個心都被她吸引住了。

順治十三年八月吉日，董鄂氏被冊立為賢妃，不到半年，就是同年十二月初六吉時，順治又把她冊立為皇貴妃，住進承乾宮，地位僅次於皇后，可見順治對她的鍾愛。這年，順治十九歲，董鄂妃十八歲。

董鄂氏入宮後，跟順治的感情與日俱增，恩愛異常，幾乎是「三千寵愛在一身」。這董鄂妃文雅溫順、節儉簡樸，而且謙和仁慈、人緣極佳，非但沒有恃寵而驕，反而常替其他妃子美言排紛，更難得的是她很有幹才，處事有條不紊，待人熱情誠懇，把後宮的人事安排得妥妥當當，讓順治毫無後顧之憂，這從後來順治為她撰寫的四千多字《端敬皇后行狀》中看出皇帝對她的讚賞，順治說他每次下朝時董鄂妃總是親自為他安排飲食，御膳送來時她總要每樣先嚐一口；當他在批閱奏章時，她總是在身邊陪伴，有時還勸他要認真處理政務，謹慎裁判重案，因此讓順治對她既感激又疼愛。

順治十四年四月初，董鄂妃生下一男嬰，這是天大喜訊，也是悲劇的開始，由於董鄂妃產後身體欠佳，而且這一皇子的誕生引起了後宮的震撼，因為孝莊皇太后是蒙古族，眼看順治不喜歡孝莊撮合娘家的兩位蒙古姑娘，因而對滿族出身的董鄂妃心生忌諱，這時皇太后故意藉口自己身體不舒服，搬到北京永定門二十里外的南苑去調養，諭令董鄂妃前往南苑伺候她，使董鄂妃和剛出世的小皇子分離兩地，董鄂妃以抱病之軀，到南苑陪侍皇太后，心中惦念自己的兒子，以致身子越來越差，更出人意表的是小皇子還沒有滿歲竟突然無故夭折，這對董鄂妃是致命的打擊，一時心灰意冷，病情加劇，孝莊皇太后這時才讓她回到承乾宮養病，但是病情急遽惡化，拖到順治十七年，終於香消玉殞，才二十二歲。

董鄂妃母子之死對順治打擊很大，立即追封她為「孝獻莊和至德宣仁溫惠端敬皇后」，幾乎所有最好的形容詞都用上了，而且還親自含淚撰寫端敬皇后行狀，使得他萬念俱灰，看破一切，於是迎接高僧玉林琇和茆溪森入宮弘法，最後決定不當皇帝，要出家為僧，法名「行癡」，孝莊皇太后聞訊大驚，叫人把高僧茆溪森綑在木架上，要放火將他燒死，順治只好答應暫緩出家，但是他始終鬱悶不樂，終告病倒，病後三個月，最後還是命近侍吳良輔將他送到憫忠寺落髮，但是五天之後，仍告死亡，享年二十四歲，只比董鄂妃晚走三個月。

董鄂妃之死，直接影響到順治皇帝的人生觀，可見她對順治的重要性。這個滿州姑娘，後人對她的身世有好幾種說法；一說她就是明末秦淮名妓董小宛、二說她原是順治皇帝弟弟襄親王博穆博果爾的妻子，被順治橫刀奪愛而來、三說是根據《清史稿．后妃傳》所云：「孝獻皇后棟（董）鄂氏，內大臣鄂碩女，年十八入侍。上眷之特厚，寵冠後宮。」此三說各有所本，莫衷一是，以致使許多文人騷客為她的美慧夢繞魂牽，也讓不少清史學者求古尋據、推敲探索，終始各說各話，難有定論，姑不論她的身世如何，但是她的賢慧美麗，使順治帝愛之入骨，真不愧是絕代紅妝，名留青史。

美人如花隔雲端

下篇

01.

舉案齊眉醜孟光

提起「舉案齊眉」這句成語，就會想起梁鴻和孟光這一對模範夫妻。

據史書記載，漢代扶風平陵有一位富家女孟光小姐，長得又黑又肥、體型很醜、大手大腳，看起來相當粗陋庸俗，但是她卻孔武有力，單手就可以將一個石臼高高舉起，被鄉人看成是一個無人喜愛、難以管束的蠻女，所以到了三十歲了，還沒有出嫁，然而她卻很有自信心，採取反向操作，一般的男人，反而不看在她眼裡，父母替她著急，她卻放出風聲說：「除非有個品德像梁鴻那樣的男人，其他任何人都免談。」家人聽了，只好苦笑。

因為梁鴻是當時的大名士，幼年喪父，東漢初年，入太學受業，家境雖然清貧，但是他好學上進，博覽群籍，經史子集無所不通，文章寫得好，人又長得儒雅倜儻，是當時姑娘們心目中的白馬王子，只是他看不慣當時的政風，所以無意仕途，寧願「牧豕於上林苑中。」據《後漢書．逸民傳》載他：「曾誤遺火延及鄰舍，鴻乃尋訪燒者，問所去失，悉以豕償之，其主猶以為少，鴻曰：『無他財，願以身居作。』主人許之，因為執勤，不懈朝夕，鄰家耆老見鴻非恆人，乃共責主人，於是始敬異焉，悉還其豕，鴻不受而去。」這件事傳揚開來，鄉民更敬重他的為人，有些人家慕其高節，不嫌其貧，多欲以女妻之，但都被他所婉拒，所以三十多歲了，依舊是孑然一身，卻被孟光認定為終身對象。

當梁鴻聽到孟光說非要像他這種人不嫁時，立刻引起了他的興趣，他也知道孟光很醜，但卻欣賞她的眼光，相信她的堅持，於是托媒說親，迎娶過門。

孟光嫁過來時，難免珠光寶氣、錦衣玉食，但是並不能掩蓋她的醜容陋態，婚後七天，梁鴻不跟她說一句話，史載：「妻乃跪下請曰：『竊聞夫子高義，簡斥數婦，妾亦偃蹇數天矣，今而見擇，敢不請罪。』鴻曰：『吾欲裘褐之人，可與俱隱深山者爾。今乃衣綺縞，傅粉墨，豈鴻所願哉？』妻曰：『以觀夫子之志耳，妾自有隱居之服。』乃更為椎髻，著布衣，操作而前。鴻大喜曰：『此真梁鴻妻也，能奉我矣！』」從此可以看出孟光的智慧、眼光與魄力。

梁鴻是個又酸又硬的讀書人，常懷憂國憂民的怨歎。有一次路過洛陽，看那巍峨的宮殿與官宦人家，跟一般平民的生活狀況有如天壤之別，不禁深有所感地吟了一首有名的《五噫歌》，原句是「陟彼北芒兮，噫！顧瞻帝京兮，噫！宮闕崔巍兮，噫！民之劬勞兮，噫！遼遼未央兮，噫！」這首不滿現實的詩歌流傳開來，使得漢章帝大為憤怒，下旨捉拿，他只好帶了孟光逃到江南無錫隱居避禍，白天替富人家舂米維生，傍晚拖著疲倦的身子回家時，孟光已做好晚飯，每次都是半彎著腰身，將盛著飯菜的碗盤端到眉毛那麼高，恭恭敬敬地送到梁鴻桌上給他吃。有一次富人來找梁鴻，正好看到這種情景，大吃一驚，嘆曰：「在貧困中而能使妻子這樣敬重的人必非常人。」因而撥了大房子給他們居住，並且厚贈生活費用，梁鴻也藉機閉門著書，而「舉案齊眉」的模範夫妻美譽，就傳遍了古今。

迄今江蘇無錫鴻山之麓還有一座由文徵明題匾的「鴻隱堂」，中奉孟光和梁鴻的塑像，當地民眾每年還會前往燒香祭拜這對模範夫妻哩。

02.

賢慧醜婦阮氏女

古來中國四大醜女排行第四的叫阮女。

事實上，比阮女更醜的婦人一定還有很多，但是要醜而賢、陋而慧，外表不揚而內心良善、其貌可憎而品行高潔，才能夠擠身醜女排行榜，史上留名，所以歷來醜婦群中，挑來挑去，只挑出了嫫母、無鹽、孟光和阮女四大醜女。

平心而論，沒有人不愛美、不慕色，這是人的天性，孔子說：「吾未見好德如好色者。」古訓：娶妻取德，娶妾取色，如今在一夫一妻的制度下，當然是首選賢德，容貌應在其次，如果兩者得兼，那是修來艷福，倘使兩者缺一，照理應是選德而不選色，這是常識，可是大多數的男人總是惑於外貌而疏於內在，以致在婚姻路上坎坷難行，吃盡苦頭。

東晉許允，字世宗，是當時的雅士名流，自負甚高，經有力人士媒介，娶了阮共的女兒為妻，阮共時任魏國衛尉卿，名望極隆，只是他的女兒外貌不揚，史上用「奇醜」二字形容她，然而她卻有過人的智慧，據《魏氏春秋》和《世說新語》記載；許允和阮女舉行結婚典禮之後，看到新娘的醜容，家人都耽心許允不會進入洞房，正好有個好友桓範來道賀，阮女在新房中就對家人說：「無憂，桓必勸入。」桓範果然勸許允說：「阮家既嫁醜女與卿，故當有意，卿宜察之。」許允只好走進洞房，但是看到阮女的醜貌，再也忍受不了，立刻轉身要走，阮女料想他這一走，絕對不會再回房間，連忙拉住他的衣襟，不讓他走。許允只好停下來羞辱她：「婦有四德，卿有其幾？」四德就是「婦德、婦言、婦容、婦功」，意指阮女「婦容」太醜，使其無地自容，豈料阮女毫不羞愧，立即反問：「新婦所乏唯容爾。然士有百行，君有幾？」許允答說：「皆備！」阮女接著又問：「夫百行以德為首，君好色不好德，何謂皆備？」許允聽了既愧且驚，從內心裡敬佩阮女的巧慧，自此夫妻互相尊重，貌醜絲毫沒有影響到他們的感情。

阮女後來為許允生下兩個兒子，大的名奇字子太，小的名猛字子豹，在阮女調教之下，均極成材，《晉諸公贊》：「奇，世祖下詔述允宿望，又稱奇才，擢為尚書祠部郎。猛，禮學儒博，加有才識，為幽州刺史。」可見兩兄弟的成就都很可觀，所謂「歹竹出好筍。」醜阮女卻養了雙國士。

阮女不但賢淑，而且智慧還高人一等，判斷力相當精準。《魏氏春秋》有一段記載：

「初，允為吏部，選遷郡守，明帝疑其所用非次，將加其罪。允妻阮氏跣出謂曰：『明主可以理奪，不可以情求。』允頷之而入。」許允聽從阮女的囑咐，向明帝以理相對、據實以告，果然獲得諒解，平安無事。《世說新語》云：「初，允被收，舉家號哭；阮新婦自若云：『勿憂，尋還。』作粟粥待。頃之，允至。」這是多麼精確的判斷，幾乎可用「料事如神」來形容她，古時帝王喜怒無常，對臣下動輒誅殺不赦，老爺被皇上所疑，抓上殿去問罪，是何等嚴重悚惶的事情，但是阮女心裡有數，知道不會有事，安撫家人別怕，叫廚房裡熬稀飯等老爺回來吃，稀飯熬熟了，果然老爺也平安無事地回來了，這種鎮定功夫、預測能力，豈是一般婦女所有？阮女之被列為四大醜女之一，信有已也。

03. 首位女將名婦好

一般人總認為帶兵打仗、攻城掠地是男人的專長；女性則溫柔委婉、弱不禁風，只能炊織養育。說的也是，細看古今中外從事征戰殺伐、衝鋒陷陣的勇士中，幾乎找不到多少個是女性。

但是，在公元前十二世紀上半葉時，中國就出了一位英勇善戰的女將領，她是殷商王朝第二十三位國王武丁的妻子，名叫婦好。

婦好聰明能幹、美麗健壯，否則國王武丁也不會娶她為第一王后，她還有超於一般女子的膽識與智慧，而且孔武有勁，臂力過人，從她持用一支重達九公斤的大鉞做兵器，就不難想像她是如何驍勇猛悍，高頭大馬了。

武丁剛和婦好結婚不久，對她的個性和勇氣還不怎麼瞭解，只知道她好動、外向、爽朗。有一年夏天，北方邊境的外族入侵，掠奪人畜，武丁正在為了派遣那一位將領帶兵去平亂而猶豫不決時，婦好居然主動請纓，要替丈夫解決困擾，武丁當然不會同意讓愛妻去冒險，而且對她還沒有信心，然而禁不住婦好的一再要求，武丁只好允許以卜卦來做定奪，結果占卜的卦文顯示大吉，再也不好阻止了，於是調了一些部隊，讓王后統率北征。商國首次以女人統兵，上下人民都有點疑慮，只見婦好從容領兵、號令森嚴，到了戰場，她手持大鉞，身先士卒，大叫一聲，衝入敵陣，兵卒們看到王后都如此英勇善戰，士氣大振，官兵一鼓作氣，打了大勝仗，把北方殘敵趕出國境，班師回朝時，武丁國王刮目相看，由衷敬佩，立即封她為「統帥」，舉國同欽。

自此以後，武丁徹底瞭解王后原來如此驍勇善戰，心中大喜，就讓婦好充分發揮她的特長，有時和她聯手出征，有時命她單獨率軍征討，先後擊敗了北土方、南夷國、南巴方、鬼方等二十多個不安份的小國，收入版圖，為殷商王朝開疆闢土，立下了不朽的功勳。

最大的一次戰爭是對羌方之役，因為羌方人多勢眾，強悍善戰，武丁國王撥了一萬三千名士兵委由婦好統帥，幾乎佔了全國一半以上的兵力，婦好照樣統領得井井有條，而且還打敗了羌方，使內蒙古、河套一帶的敵人全部歸順，大勝班師，武丁和文武百官出城八十裏去迎接愛妻凱旋歸來，真是轟動全國，聲譽大噪。這一役，對整個中華民族文明歷史的發展，具有莫大的意義。

於是，武丁論功行賞，劃了很大面積的土地封賜給婦好，她把自已的封地治理很好，而且擁有三千多名嫡系部隊，時加訓練，比一些小國的兵力還強。同時在她的封土內還可以鑄造大規模的青銅器皿，可見她不僅是一位軍事家、女戰將，而且還是政治家。可惜她只活了三十三歲就去世了，讓武丁傷心欲絕。

也許你認為在公元前十二世紀的事，怎麼知道婦好的生平？當然，這些史料，都是有文字記載的，那是從河南安陽殷墟發掘到婦好的墳墓中，出土的甲骨文有一百七十多條記載她的事蹟，在四六八件青銅器中，有很多件都鑄有「婦好」兩字銘文，特別是她使用的那一件武器「鉞」上也鑄有她的名字，甲骨文還說她經常代理武丁主持祭天、祭祖先、祭神泉等大典，可見商王對她的鍾愛與重視。

04. 男裝從軍花木蘭

女扮男裝、代父應征，忠孝兩全、智勇俱備的女子花木蘭，已是國人家喻戶曉的人物，她為女性揚眉吐氣、不讓鬚眉，寫下了可敬可佩的一段史料。

據史料傳載；花木蘭是北魏時代商丘人，父親花弧，是一位備役老士官，她是家中老二，長得端莊秀麗、朗爽健美，除了女紅家事之外，平時還喜歡學男孩子舞刀射箭，十六歲那年，由於邊防有外族侵略，局勢緊急，朝廷徵兵實邊，花弧年老體弱，不能復役，但又不敢抗命，正在為難，這時大姐已出嫁，小弟尚年幼，花木蘭毅然離開織布機，女扮男裝，買齊裝備，替老父去軍營報到。

花木蘭被編入隊伍，略加操訓，就往北方邊境開拔，由於她是女扮男裝，深怕露餡，所以處處小心，時時謹慎，夜晚都是和衣而臥，動作也故作粗魯，作戰時更要顯出男人氣概，率先衝鋒陷陣，因此屢建戰功，受到長官拔擢，逐年升級，在邊防十二年，已累功晉升為將軍，竟無人發覺她是一個女兒身。

部隊調防，花將軍回到京城，皇上要派她為官，她堅辭任何職務，只要了一匹快馬回家探親，皇上無奈，祇好恩准，令同僚護送花將軍回商丘，到了老家，換回女裝，同僚驚愕得合不攏嘴，不相信眼前的女子就是花將軍，於是，這件事就傳遍遐邇，後人更以此事編寫歌謠、吟詩作辭，廣為流佈，一直到永遠。

花木蘭代父從軍的故事，已經流傳了一千多年，迄今女子從軍，也冠以「花木蘭」的美名，猶感光榮，但是花木蘭的身世，由於史料欠週，以致眾說紛紜，例如她的姓氏；在《大明一統志》中說她姓朱、《大清一統志》中則說她姓魏。明代徐渭著《四聲猿傳奇》中說她姓花，名木蘭，父親花弧、母親袁氏、大姐花木蓮、幼弟花雄，一家五口。因此近代大家都以徐渭之說為準，迄今姓花的氏族亦以花木蘭為先祖。

至於花木蘭出生的年代，也有幾種說法：清代姚瑩著《京輶紀行》中說她是北魏孝文帝至宣武帝時代的人。清代宋翔鳳著《浮溪精舍叢書——過庭錄》中說她是隋恭帝時代人。宋代程大昌著《演繁露》中則說她是唐代初期人。根據史家分析，當以北魏時代人較為合理。

還有關於她的籍貫，也有不同的說法：《大清一統志》說她是穎州譙郡城東魏村人；

清人姚瑩在《京輶紀行》中說她出生於甘肅涼州；河北省《完縣縣志》載她是完縣人，元代劉廷直所撰《木蘭碑》也說她是完縣人；河南省《商丘縣志》則記載她出生於商丘花宋村。今人則以為應是河南商丘人。

花木蘭的故事能夠流傳到永遠，應歸功於那一首古樂府《木蘭辭》，而且收入中學國文教科書，「唧唧復唧唧，木蘭當戶織，不聞機杼聲，惟聞女歎息。」這幾句相信很多人都背得出來，但是作者佚名，不知是何年代所作，史家研判辭中有「可汗大點兵」和「策勳十二轉」，所云「可汗」是唐時西域各國對天子的稱呼，「策勳」也是唐朝的封勳制度，而且唐代是採「兵民合一」制，府兵還要自備糧食裝備去從軍，正如辭中所說的情況一樣，可見作者應是唐人，還有《木蘭詩》一首，據《文苑英華》云係唐代韋元甫所作，則《木蘭辭》作者當亦不遠矣。

05. 擊鼓助戰梁紅玉

提起梁紅玉，大概沒有幾個人不知道她是宋代協同夫婿韓世忠擊退金兵的女英雄，不過，有關她的身世事蹟，恐怕並非盡人皆知，所以有必要在這裡加以介紹，免得國人對她的印象不甚清晰。

梁紅玉，原籍池州，今為安徽省貴池縣，宋徽宗崇寧元年（一一〇二）出生於江蘇淮安，祖父與父親均為武將出身，她從小就跟隨父祖舞劍弄槍，練成一手武藝，功夫不亞男兒。宋徽宗宣和二年，方臘叛亂起兵。梁紅玉的父親和祖父奉命征討，不幸貽誤軍機，吃了敗仗，被朝廷判罪問斬，家屬發配為奴，十八歲的梁紅玉，正當青春年華、娟秀健美，被販賣為京口的營妓，以唱歌跳舞娛樂官兵。

後來朝廷改派王淵率軍平亂，偏將韓世忠力擒方臘，大勝而歸，回師京口時，在慶功宴上，召營妓歌舞助興，韓世忠因而得識梁紅玉，英雄美人，一見鍾情，互相傾慕，終而結為連理。

時南宋內亂外患，偏安而難安，韓世忠領軍征戰，軍務倥傯，梁紅玉則被安置於臨安。宋高宗建炎三年（一一二九），苗傅、劉正彥反叛，挾持高宗，並以梁紅玉及其子亮為人質，嚴加看管，因張浚與韓世忠擁有重兵駐紮平江，誓言討賊，對苗傅威脅甚大，梁紅玉乃透過宰相朱勝非向苗傅說：「今白太后遣二人慰撫世忠，則平江諸人益安矣！」苗傅信以為真，於是要太后召見梁紅玉，封她為「安國夫人」，命她前往招安韓世忠歸附苗傅，實則暗中有所密囑。《宋史》載：「梁氏疾驅出城，一日夜會世忠於秀州。」遂將京城情況一一轉告，韓世忠聽後大罵逆賊，誓不兩立，次日即揮師挺進，大敗苗傅的叛軍。《宋史》載：「苗傅、劉正彥率精兵二千，開湧金門以遁，世忠馳入，帝步至宮門，握世忠手，慟哭曰：『中軍吳湛，佐逆為最，尚留朕肘腋，能先誅乎？』」韓世忠遂拘斬叛逆，大快人心，局面乃得安定，梁紅玉在這件事變中救駕之功，卻很少人知道。

第二年，也就是公元一一三〇年，金兵又大舉南侵，金兀朮統兵十萬，戰船無數，企圖一舉殲滅南宋，韓世忠奉命率領八千疲兵禦敵，兩軍在鎮江對峙，展開大戰。據《宋史》載：「梁夫人親執桴鼓，金兵終不得渡。」雙方在黃天蕩相持四十八天，金兀朮被困，進退不得，最後乃潛鑿溝渠三十里，連夜引兵偷渡北遁。這就是家喻戶曉的「擊鼓助戰」之役，由於梁紅玉與韓世忠預先擬妥戰術，將八千宋軍分為五路，韓世忠領隊殿後，她則坐鎮中軍船樓之上，居高臨下，親披鎧甲，擊鼓揮旗，各路水師聽她指揮，旗指向東，右軍就殺向東邊；旗向西揮，左軍就殺向西邊，宋軍目睹主帥夫人尚且不顧安危，站在最前線擊鼓指揮，士氣當然大振，個個奮勇衝殺，打得金兵大敗而遁，金兀朮從此不敢輕易揮軍渡江。

後來韓世忠奉命駐守淮安，當時兵災頻仍，一片荒蕪，《宋史》載：「世忠披草萊，立軍府，與士同力役。夫人梁親織薄為屋。」可見梁紅玉能文能武、智勇兼俱；吃苦耐勞、堅定果敢，與士兵同甘共苦、生死置之度外，她這種忠心愛國、抵禦外侮的英雄氣概，殊非一般婦女所能望其項背。

後人敬仰梁紅玉，特在淮安建祠，楹聯云：「也是紅妝翠袖；然而青史丹心。」

06. 巾幗英雄秦良玉

史上唯一受朝廷冊封，官拜總兵、授都督僉事、賜二品官服、封為誥命夫人的女將軍，是秦良玉，她字貞素，生於四川忠縣樂天鎮鳴玉溪畔，是個苗族姑娘，父親秦葵，為地方名士，她是老三，上有兄長邦屏、邦翰，下有小弟民屏。

從小她就長得娟秀可愛、聰明伶俐，自然備受疼惜，她想讀書寫字，父親就細心施教；她喜騎馬射箭，兄長就認真教導，所以腦子裡裝了不少詩書五經、骨子裡練就了多般武藝，二十歲嫁給四川石砫宣撫使馬千乘為妻。馬千乘是漢人，祖籍陝西扶風，因祖上有戰功，被封為石砫宣撫使，官職世襲，秦良玉做了馬夫人，自然而然地就協助夫君訓練兵馬、維護治安，正好符合她的興趣。

秦良玉盱衡局勢，覺得必須擁有地方武力，才能維持社會秩序，她利用山止特產堅硬的白木，削成長杆，杆梢嵌入帶刃的鐵鉤，如矛似戟，名曰「白杆槍」，她就製造這項武器，嚴格訓練當地青年，組成一支數千人的「白杆兵」。

婚後第三年，她生了一個兒子，取名祥麟。萬曆二十六年，播州宣撫使楊應龍勾結當地九個生苗部落反叛，朝廷調兵平亂，合力圍剿，馬千乘夫婦也奉命參戰，由於播州地勢險峻，山高水急，易守難攻，其他官軍很難施展，唯有秦良玉夫婦率領的「白杆兵」得心應手，只見她騎著桃花馬，手持白杆槍，背負弓箭，一路殺進山峽，大敗叛兵，攻克播州城，楊應龍全家自焚而死，敉平叛亂的功勞，首推秦良玉，「女將軍」的稱號，自此名聞遐邇。

不幸的是馬千乘因為得罪了內監邱乘雲，被誣告入獄，竟病死獄中，後來平反，仍然保留馬家石砫宣撫使世襲的官職，由於兒子馬祥麟年紀尚小，朝廷就授命秦良玉繼任石砫宣撫使，她強忍喪夫之痛，受命就職，更積極訓練白杆兵，維持當地的和平繁榮，漢苗融洽，二十年沒有戰亂發生。

到了明神宗末年，滿清崛起，屢侵邊境，秦良玉奉命率領白杆兵、以及自己的兄弟、兒子兼程北上參戰，打了幾場硬仗，其間大哥秦邦屏戰死沙場、兒子秦祥麟眼睛中箭，但是並沒有稍挫她的鬥志，皇帝下詔獎勵有加。

後來，她又回川消滅奢崇明的叛變，光復重慶成都，當她引兵進入成都時，一馬當先，氣宇軒昂，居民沿街焚香跪迎，視為天神。不久，貴州匪首安邦彥叛亂，盤據貴陽西部，她又奉命率白杆兵入黔平亂，殺死安邦彥。天啟七年，清兵再度入寇京師，五十五歲的秦良玉，又奉命勤王，率白杆兵兼程北上，大敗清兵，收復永平、灤州，暫解京城之圍。明思宗特派大員攜酒肉犒賞，並御題四詩賜予，史稱「平臺賜詩」。詩云：「學就四川八陣圖，鴛鴦袖裡握兵符。由來巾幗甘心受，何必將軍是丈夫。」其二：「蜀錦征袍自剪成，桃花馬上請長纓；世間多少奇男子，誰肯沙場萬裏行？」其三「露宿風餐誓不辭，忍將鮮血代胭脂；凱歌馬上清平曲，不是昭君出塞時。」其四「憑將箕帚掃匈奴，一片歡聲動地呼；試看他年麟閣上，丹青先畫美人圖。」明思宗這四首詩，把秦良玉吟詠得栩栩如生。

有一天，她在石砫騎桃花馬檢閱白杆兵之後，跳下馬來，身子一歪，竟告逝世，享年七十五歲，畢生戎馬，功在國家，真不愧是中華第一女將軍。

07. 忠孝雙全沈雲英

明朝末年，湖南道州有一位守將沈至緒，浙仁會稽人，慷慨盡職，訓練兵卒，非常嚴格，雖然編制很小，士兵不多，卻被沈將軍鍛練得相當堅強善戰。

沈將軍有一個獨生女，取名雲英，長得乖巧可愛、美麗活潑，將軍極為疼愛，每天帶她到軍營裡去看操練，她對士兵佈陣攻守、進退撕殺，看得津津有味，因此要求學習武藝，將軍拗她不過，只好教她騎馬射箭、揮刀舞劍，和士卒打成一片，簡直像個大男孩，沒有幾年就練成一身功夫。

眼看女兒一年一年長大，已出落得亭亭玉立，英氣逼人，將軍計算一下；已經十七歲啦，只知道整天挽弓劈劍、飛馬奔馳，把終身大事都給耽誤了，心中正在著急，不料這年張獻忠造反，糾結暴民，破武昌，過洞庭，進入湖南，各個州縣均無法抵擋，莫不開城投降，所以叛軍勢如破竹，轉眼間就兵臨道州城下，沈至緒認為守土安民是將軍的職責，豈可向叛賊低頭？他下令關閉城門，集合士兵備戰，第二天，賊兵在城外叫囂，沈至緒大怒，率了一隊人馬，出城迎戰，把賊兵砍殺不少，可是賊兵眾多，像螞蟻般圍攏過來，越殺越多，把沈將軍團團圍住，殺至筋疲力竭，不幸陣亡，殘兵逃回城內，關起城門，滿城民眾驚慌失措。

沈雲英聽到父親戰死，難免悲慟欲絕，但是她立即定下心來，走到大街上，站在高處，對慌亂的民眾大聲地說：「賊雖累勝，然皆烏合，不足畏！吾女子，義不忍與賊俱生。吾為父死，諸公為鄉里死，即道州可保，孰與乞命狂賊之手，坐視妻子為虜乎？」

群眾聽了沈雲英的話，無不感動，齊聲高呼，每人各尋武器棍棒，開了城門，沈雲英手持利劍，一馬當先，領導大眾衝入賊陣，群賊措手不及，驚慌逃避，互相踐踏，死傷無數，遂解道州之圍，沈雲英在城外找到了父親的屍首。清代雍正年間進士夏之蓉著《沈雲英傳》云：「城中人皆縞素助雲英成喪。時賊所過城，率不戰而下，而以死全道州城者，雲英父女也。」後來朝廷詔贈沈至緒為副總兵，沈雲英為游擊將軍，坐父署，守道州。一個女子振臂疾呼、身先士卒，居然保住全城百姓的生命財產，沈雲英真是忠孝兩全、勇氣超人，男士應為之汗顏。

只可惜明史中並沒有為沈雲英列傳，有欠公平，不過當地人民在道州麻灘建有祠廟膜拜，迄今四時不絕，可見忠孝事蹟，依然長存人心。有詩讚曰：

異軍攻城圍義兵，蛾眉汗馬解圍城；父仇圍難兩湔雪，千古流芳忠孝名。

《閨秀詩話》載有滁州張莨馨女史詠「沈將軍行」長詩，極為感人，輯者苕溪生有一段詳細的補述：「將軍名雲英，前明蕭山沈公諱至緒女也。公時作湖廣道州守備，以擊賊死，雲英率死士奪屍還，賊辟易，城遂保。詔封游擊，仍領本軍。後其夫賈都司，名萬策，亦死於賊，遂涕泣辭詔，扶父櫬而歸。後聞國難，欲赴水死，其母力止之，遂以侍母，終老於閨中。」在「沈將軍行」詩中有生動的描述：「將軍小字字雲英，搶天呼地命頓輕，親率壯士十餘輩，匹馬先向沙場行。敵眾紛披如鼠雀，回戈反轡為驚卻。馬噴桃花血色紅，甲穿榆葉刀痕削，霎時斬首三十餘。」僅這幾句，就把沈雲英寫得栩栩如生，宛在眼前。

08. 突圍求援荀灌娘

馮夢龍著《智囊全集》卷二十六「閨智部」有一段記敘：

「晉朝人荀崧的小女兒荀灌，有不同尋常的節操。荀崧鎮守宛城時，被叛軍杜曾圍困，眼看兵力薄弱，糧食用盡，打算向過去的部下平南將軍石覽求援，卻無法出城。荀灌當時只有十三歲，就率領幾十名勇士，趁著夜晚翻過城牆突出重圍。賊兵發覺後，窮追不捨，荀灌邊戰邊走，終於擺脫了追兵。她親自面見石覽，請求救兵，又代替父親寫信，向南中郎將周訪請求援助。後來圍城的杜曾聽說援兵已到，於是撤兵而去。」

姓荀的人很少，荀灌才十三歲就英勇地做出了驚人的突圍壯舉，所以後人尊稱她為「荀灌娘」。荀姓出自姬姓，以國為氏。據《姓苑》記載，公元前十一世紀時，周文王的兒子受封於郇國，後被晉武公所滅，以其屬地賜給大夫原氏，是為郇叔，其後代將郇字去邑旁而加草頭，遂為荀氏。歷代有荀淑、荀雍、荀蕤、荀羨、荀粲、荀崧等名人。

荀灌娘從小就與一般女孩子的喜好有所不同，她不喜歡做女紅、也不愛學烹調，整天愛跟男孩子在一起玩刀弄槍，更醉心騎馬射箭，父母拿她沒有辦法，只好索性請個武術師父教她正規的刀法槍術，飛騎挽弓，年紀雖小，卻練成一身好功夫，臂力和膽識，都異於一般同年的女孩，而她自已也充滿自信，昂首闊步，氣宇軒昂，一股男兒氣概、英雄本色，每次騎馬從街衢飛奔而過，使宛城的居民莫不投以羨慕和欽敬的眼光。

晉愍帝建興三年，造反叛亂的賊酋杜曾率部流竄到宛城，企圖攻下宛城作為根據地，這時城內兵力單薄，糧草有限，賊兵重重包圍，逼迫荀崧開城投降，荀崧是個忠君愛國的官員，豈肯降賊？但是圍城日久，民心浮動，糧草已罄，亟須求救解圍，當時既無電話，更無傳媒，必須派人出城到鄰縣去求援，否則只有坐以待斃，可是城中將官，沒有人有把握敢去突圍，正焦急間，十三歲的荀灌挺身而出，願意擔當重任，荀崧雖然不捨，但為了全城民眾生命財產的安全計，不便為了父女私情而不准荀灌所請，只好狠下心腸，挑選十餘名勇士，乘著月黑風高之夜，讓荀灌率隊衝出城門，她手持慣用的銀纓槍，猛抽駿馬，勇士緊隨在後，突破賊兵防線，摸黑趕赴襄陽，討得救兵。《晉書》卷七十五「荀崧傳」云：「崧力弱食盡，使其小女灌求救於覽，及南中郎將周訪，訪即遣子撫率兵三千人會石覽，俱救崧。賊聞兵至，散走。」

另外，《晉書》卷九十六列傳中也有「荀崧小女灌」云：「灌時年十三，乃率勇士數十人，踰城突圍夜出，賊追甚急，灌督厲將士，且戰且前，得入魯陽山獲免，自詣覽乞師。又為崧書與南中郎將周訪請援，訪即遣子撫率三千人會石覽俱救崧，賊聞兵至，散走，灌之力也。」

當荀灌突圍成功後，宛城軍民莫不翹首待援，五天後，救兵果至，城內同時出擊，賊兵腹背受敵，大敗潰逃，賊首杜曾也死於亂軍之中，這一勝戰，荀灌應居首功，十三歲的小姑娘，竟能有此膽識、如此英勇果敢，焉不名垂千古？

09. 義軍統領王聰兒

滿清乾隆年間，在大貪官和珅的操縱下，小人當道，無官不貪，一般平民，受不了地方官吏無窮的勒索剝削，被逼得紛紛參加白蓮教，群起反抗官府。

最嚴重的是地方官吏和大地主勾結，侵佔民田，任意圈地，迫得許多農民難以維生，苦不堪言。當時湖北襄陽地方有一戶王姓農民，就是被逼得無田可耕，憂憤而死，留下一女，名叫王聰兒，跟了母親成為江湖賣藝的遊民，幸虧王聰兒自幼聰慧伶俐，學得一身雜技，跑馬走繩，跳躍翻滾，舞刀使棍，揮拳踢腿，樣樣要得，就憑著這些硬底子的功夫，走南闖北，過著流離顛沛的日子。

有一天，她們來到襄陽街頭賣藝，觀眾中有一位名叫齊林的年輕人非常欣賞王聰兒的身手，大有相見恨晚之慨，於是每天都到她們表演的場地上去捧場，幾天下來，他們就成了朋友，十七歲的王聰兒，正是情竇初開時節，見到齊林英俊年少，穿著入時，出手闊綽，自然暗暗心喜，正好她的母親突然病倒，只得在襄陽滯留養病，齊林則抓住機會，代為延醫診治，覓屋暫居，王聰兒萬分感激，不幸的是她的母親因為積勞過度，藥石罔效，終告不治，後事全靠齊林一手料理，王聰兒無以為報，只有以身相許，有情人終成眷屬，也算是一段佳緣。

婚後，王聰兒才知道齊林是白蓮教的信徒，而且是襄陽地區的首領，當然，她也加入了教會，夫妻志同道合，經常結合教友，伺機宣揚教義，吸收會員，民眾對當時地方官吏的貪污腐敗，莫不恨之入骨，紛紛加入白蓮教，齊林和王聰兒則暗中培訓青年教友，編隊操練，準備武裝起義，消滅貪官污吏，次年，時機已趨成熟，正策劃於元宵之夜，在襄陽揭竿起義，不料事機不密，被清廷偵探所悉，立即派遣大軍搜捕，齊林和其餘百餘名教友均被捕獲問斬，王聰兒幸憑她那一身功夫，翻牆上屋，逃離清兵魔掌，避居城外另一位教友家中，躲過一劫。

喪夫之痛使王聰兒悲憤不已，誓報此仇，不久，教友又繼續聯絡，決議擁戴王聰兒繼承齊林的職位，擔任襄陽地區白蓮教的領導，她義不容辭，承諾大任，全心全力拓展會務、吸納教友、武裝訓練、編組成軍，半年後就和劉之協、姚之富等首領在黃龍瑺首舉義旗，打著「官逼民反」的口號，勢如破竹，攻佔了不少城池，殺貪官、開糧倉，賑濟饑民，從者逾萬，聲勢益大，義民尊稱王聰兒為「總教師」，她領軍作戰，自有一套，不與清軍正面交鋒，專打游擊戰，以快速隱密為要訣，把清兵打得昏頭轉向，屢吃敗仗。

清嘉慶三年，王聰兒率領五萬義軍，以黃、青、藍、白四色旗號編成八路大軍，她擔任八路兵馬總統帥，下設先鋒、總兵，從湖北打到陝西，和張士龍、張漢潮會合，進逼西安，打得清廷大驚失色，急忙抽調全國大軍，由明亮、德楞泰領軍追剿，並組織民間鄉團，堅壁清野，逼退義軍，王聰兒被逼退回湖北鄖西的三岔河，竟被清兵重重包圍，她退入茅山的森林中，準備突圍，無奈寡不敵眾，她和姚之富等人且戰且退，攀登山頂，已無後路，身邊只剩數十名義軍，不約而同地跟隨王聰兒一起跳下懸崖，壯烈犧牲，這年她才二十二歲。

以一個廾二歲的女子，竟能統領數萬人馬起義反清，能說她不是絕代紅妝麼？

10. 威震南疆冼夫人

迄今海南島瓊山市新坡鎮每年農曆二月初六到十二，一連六天，都會舉辦熱鬧非凡的「鬧軍坡」活動，總有十萬以上的民眾參加，是島上每年最大型、最隆重的民俗活動之一，為的就是紀念一位絕代紅妝——冼夫人。

據《陽江縣志》載：冼夫人於公元五一七年生，是俚族酋長的女兒，名叫冼百合，從小追隨父兄處理部族之間的械鬪事件，逞勇鬪狠，挽弓舞刀，完全像個男孩，但是她卻長得不醜，儀容清秀，十八歲時被新任高涼太守馮寶看中，娶她為妻，協助夫君調和邊務、撫慰居民，對少數民族發揮了很大的團結安定力量。

梁武帝年間，侯景反叛，武帝被困台城，廣州都督蕭勁奉旨征調各州派兵救駕，高州刺史李遷仕心有異志，遲不應命，反而急召高涼太守馮寶密談，冼百合及時阻止丈夫；「李遷仕召你去，一定是要逼你與他共同謀反，你去了等於羊入虎口。」幾天後，李遷仕果然造反，派遣部將杜平虜率兵開往湖石，響應侯景的叛軍，這時，冼百合認為機不可失，親自帶領千名男女精兵，裝成挑夫運送糧草的模樣，宣稱前來支援李遷仕，他在城門樓上看到由一婦女領頭，不疑有他，大開城門歡迎，冼百合率隊湧進城門，立刻從挑擔中抽出武器，出其不意，佔領高州城，遂即出兵打敗湖石的杜平虜，再與陳霸先會合，擊潰侯景叛軍。

冼百合初試鋒芒，出師大捷，凱旋回到高涼，受到英雄式的歡迎。

後來，陳霸先篡梁稱帝，是為陳武帝，聽說高涼太守馮寶病逝，念及當年冼百合率兵並肩作戰的情誼，遂派使慰問，並任命冼百合的九歲兒子馮僕為陽春郡太守，實際上就是任命冼百合，當時重男輕女，不能公開任命一位女太守。

照理她應該是「馮夫人」，只是她的表現和名氣遠超過她的丈夫馮寶，所以民間習慣都以她的本姓尊稱她為「冼夫人」，一直沿襲到現代。

不久，廣州刺史歐陽紇起兵反叛，陳武帝下旨委由冼夫人就近平亂，她連絡百越酋長，親率聯軍敉平叛亂，陳武帝大悅，封其子馮僕為信都侯，加平越中郎將，轉任石龍太守，冼夫人則被冊封為「石龍太夫人」，職權等同刺史。

這時南北朝非常混亂，但是嶺南偏僻，群雄未暇兼顧，幸有冼夫人在領導各個部族，她仍然使用陳朝封賜的印信儀仗，巡視各州，濟弱扶傾、解決紛爭，使嶺南地區安定如恆。她的兒子馮僕病故後，由兩個孫子馮魂與馮暄隨侍左右，民眾均稱她為「聖母」，可見對她愛戴之忱。

隋文帝統一中原，派遣特使攜帶陳後主的親筆信和從前她呈獻給陳後主的「扶南犀杖」，到嶺南宣撫冼夫人，她看了信物，知道已經改朝換代，遂率眾歸附隋朝，接受封誥。但是廣東王仲宣不肯歸順，聯絡幾個部落襲擊欽差，公然反叛，冼夫人既受朝廷冊封，義不容辭，以六十高齡之老婦，親自率軍擒殺王仲宣，嶺南暨海南一帶靠她的聲威鎮懾，從此太平安謐，朝廷政令直達南疆，奠定中華一統的局面，隋文帝追封其夫馮寶為譙國公，她為譙國夫人，頒予印信兵符，全權指揮嶺南六州兵馬，一直到她七十五歲病故，還追贈為「誠敬夫人」。

一千多年了，廣東、海南很多地方仍有冼夫人廟和紀念館，永遠受人膜拜。

11. 代夫守城劉宗秀

一般人都以為女子是弱者，因為從習性、體型、氣魄、膽識諸方面來看，似乎都比不上男人，所以女子必須依賴男人而生活，男人則以護花使者自居，這種觀念，自古已然。但是，雖然事實也是如此，不過卻不能一概而論、或以偏概全，因為仍有許多女子，其勇氣與魄力並不亞於男兒，反而令男子漢自嘆弗如。

北史後魏世宗宣武帝時的一位女子劉宗秀，就是典型的女中英豪。

劉宗秀，後魏廷尉少卿劉叔宗之姊，山東平原人，自幼英風出眾，有鬚眉氣，身材健美，文武兼備，十七歲時嫁給苟金龍為妻，感情甚篤，五年後，苟金龍奉派為四川梓潼郡太守，劉宗秀隨夫赴任，閒暇時與府衙中之文武官員及眷屬往返頻仍，如同家人，她生性好動，有領導才能，為郡民所愛戴。不料梁人起兵圍攻梓潼，正好苟金龍臥病在床，全城頓失領導中心，群龍無首，梁兵在城外團團包圍，高呼開門投降，情勢極為嚴峻，城鄉岌岌可危。

在千斤一髮之際，太守夫人劉宗秀挺身而起，代表丈夫召集幹部，共商守城大計，鼓舞官兵士氣，誓與梓潼共存亡，大家看到夫人親自出馬，而且指揮調度有節有序，於是軍心振奮，民氣如虹。據《北史》卷九十一載：「劉遂厲城人，備修戰具，夜悉登城，拒戰百有餘日，兵卒死傷過半。」劉宗秀始終不為所屈，堅定不易，太守苟金龍雖然躺在床上，不能指揮防禦，但是看到夫人這樣日夜辛勞，親冒矢石登城督戰，心中既焦急又憐惜。

全城軍民正在艱苦禦敵之際，有一天夜半，劉宗秀突然接到部下密報，說是城中恐有軍官陰謀叛變，企圖與城外梁兵裡應外合，開城門降敵。劉宗秀暗自吃驚，連忙喚醒太守，共同研判可能叛變的對象，理出幾名可疑的官員名單，劉宗秀連夜暗遣心腹人員，分別監視其動靜，以防萬一。

果然，情報送來；副守備高景陰，正在糾合一批悲觀怕死的士卒，陰謀在十五之夜趁著月色，開東門讓敵人攻進城來，罪狀人證俱呈，劉宗秀乃藉太守之令，提前將高景陰及其黨夥一併拘拿綑綁，次晨押到城區中心，集合軍民官吏，向大眾宣佈高景陰的叛逆行為，群眾大怒，咸呼處死！劉宗秀遂應群眾之請，當街將高景陰及其同謀十數人斬首示眾，人心大快，自此全城軍民，益加團結。

但是梓潼城被圍日久，城中已現缺糧現象，史載劉宗秀「自與將士分衣減食，勞逸必同，莫不畏而懷之。」然而水源在城外，敵人攻佔水源地，斷絕供水，城中無水可喝，渴死了不少民眾，「劉乃集諸長幼，喻以忠節，遂相率告訴於天，俱時號叫，俄而澍雨，劉命出公私布絹，及至衣服，懸之城內，絞而取水，所有雜器悉儲之，於是人心益固。」從史記這段記載中看來，當時城中軍民，真是艱苦卓絕，饑渴交迫，幸有劉氏堅貞領導，苦難同當，而且用智取水，以解乾渴，其意志與縝思，古今罕見。

後來，益州刺史傅豎眼引兵解圍，梁兵撤退，傅刺史入城獲悉情狀，對劉宗秀大為佩服，特地具表奏聞，宣武帝深表嘉許，下旨賜派其子荀慶珍為平昌縣令。像劉氏這樣的絕代紅妝，其英勇事蹟只埋沒在《北史》中，寧不可惜？

12.

滿門英烈陳淑禎

板蕩識忠貞，疾風知勁草。北宋積弱，楊家一門沙場捐軀；南宋式微，陳家滿門忠烈殉國，後人盡知楊家將忠勇故事，卻鮮知陳文龍三代忠貞的英烈史蹟。

陳文龍，福建莆田人，宋咸淳五年進士，廷對狀元及第，欽任閩廣宣撫使兼興化府指揮官。元兵南下福州，陳文龍募兵死守興化府，兵敗被俘，絕食求死，公元一二七七年四月廿五日押解至杭州時，要求謁拜岳飛墓，伏地氣絕而亡；其母原被收押在福州尼姑庵中，聞子已死，罹病拒醫而逝；陳文龍季弟陳用虎之妻朱氏上吊自盡；從叔陳瓚仍率兵與元軍死戰，被俘罵不絕口，受車裂分屍而亡；其女陳淑禎，得知祖母與父親均已殉難，悲慟之餘，誓不兩立，抗元到底。

陳淑禎，乳名碧娘，聰慧好學，受到父親的思想薰陶，自幼就奠定忠君愛國的志節，她鑑於朝廷羸弱，雖然身為女兒，卻愛著男裝，勤練武藝，熟讀兵書，學得文武全才，以待報國，十六歲嫁給晉江東石鰲頭境許漢青，許漢青也是進士出身，祖業豐厚，婚後夫婦感情融洽，志同道合，平時濟貧扶困，急公好義，里稱許漢青為「許百萬」，稱陳淑禎為「許夫人」。

當元朝南下大軍入侵福建後，陳淑禎娘家遭逢大變，遂與許漢青商議，決定變賣家產，招募族丁，加緊訓練，同時號召遠近青壯以及佘族勇士，組成義軍，和佘族酋長藍太君合作，動員二十四峒佘兵、以及漳浦農民起義軍首領陳吊眼、政和一帶的義軍領導黃華等共組「頭陀軍」，聯合作戰。據《南詔許氏家譜》載：「許夫人透過佘族人民的血緣關係，四出派員到漳浦、龍溪、雲霄、詔安以至汀州、贛南一帶聯絡。」因此她的勢力已經遍及漳、汀、潮一帶，號稱十萬義軍。當時宋室幼主端宗、衛王趙昺由張世傑、陸秀夫等人護衛，登舟渡海想到泉州，不料泉州守將蒲壽庚已決定降元，拒絕彼等入城，反而助元攻宋，陳淑禎夫婦適時率軍支援，與元兵大戰於可慕坡，幼主端宗由張世傑等保護乘船抵圍頭灣，衛王趙昺則由陳淑禎率部死戰，護送突圍登舟，經金門海路到漳州和端宗會合，由張世傑等護駕前往廣東淺灣。

這可慕坡一役，戰況慘烈，陳淑禎和丈夫許漢青在亂軍中失散，許漢青退守東石佘家寨，兵寡糧缺，元軍遣使招降，許漢青怒斬來使後，拔劍自刎殉國。

張世傑等人擁護南宋幼主在廣東惠州稍事整補後，從海路回師福建，準備奪取泉州為根據地，與叛將蒲壽庚一決勝負，陳淑禎自然率部參戰。《南詔許氏家譜》載：「許夫人與陳家族侄陳吊眼亦率所部往會，在圍攻泉城的九十天戰役中，幾經反復，有失敗，也有轉機，但城終不能破，元將唆都率精兵兩千多名馳援蒲壽庚，致義軍腹背受敵，才放棄攻城。」張世傑等只得撤退淺灣，許夫人則撤兵南詔，掩護宋軍，後來在百丈埔與元軍正面交鋒，戰況激烈無比，陳淑禎身先士卒，英勇殺敵，無奈元軍不斷增援，義軍死傷枕藉，寡不敵眾，加以黃華叛變，她因而被捕後在漳州問斬，時為公元一二八二年三月初九日，剛滿三十歲。她的部下和族人將她的遺體密葬於晉江南門外林邊村風爐山麓。

六載抗元，一門英烈，晉江東石建有宮祠奉祀，尊為「東宮許夫人媽」。

13. 愧殺男兒李侃妻

自古以來，男人在社會上或是家庭中，總是居於優勢，自認為堂堂七尺男子漢、大丈夫，英勇無比、沉毅果決、血性男兒、傲視群倫，好像保家衛國、創業立萬、排難解困，都得依賴男人，而女人則被公認是弱者，小鳥依人、膽小力薄、優柔寡斷，固然此說並不違悖常理，但是並不能一概而論，因為「人上一百，形形色色。」其間也有男人不像男人，女人卻像男人，古今中外，有數不清的弱女子，竟表現得轟轟烈烈，令男人瞠乎其後，自愧弗如。

唐代項城縣令李侃的妻子楊氏，就是女中丈夫的典型代表之一。

《唐書》卷二百零五有其列傳，可見受到相當的重視，傳載：「楊烈婦者，李侃妻也。建中末，李希烈陷汴，謀襲陳州，侃為項城令，希烈分兵數千，略定諸縣。侃以城小賊銳，欲逃去。」這末後兩句，道出了李侃的懦弱怕死。當時的形勢，的確也很嚴峻，一個小小項城，無將無兵，怎麼抵擋得住李希烈的數千兵馬？「識時務者為俊傑」，這句常被男子漢拿來做退場遮羞布的成語，正可作為李侃解釋「欲逃去」的理由，試看歷來多少官員，臨陣脱逃，或是開城投降，搖尾乞憐，無非都是貪生怕死之輩，李侃不過只是其中之一罷了。

由於李侃娶了一位與眾不同的妻子，她的果敢竟遠勝堂堂一位縣令，也凸顯了李侃的懦弱。當李侃準備棄項城父老於不顧，收拾細軟要帶妻子逃命時，他的妻子楊氏堅定地講話了：「寇至當守，力不足則死焉。君而逃，尚誰守？」這幾句話說得多麼鏗鏘有力！李侃愣了一下，雙手一攤，答云：「兵少財乏，若何？」

的確，在這種情況下，不逃豈不坐以待斃？但是楊氏卻有她的看法：「縣不守，則地賊地也；倉廩府庫皆其積也；百姓皆其戰士也，於國家何有？」可不是？如果項城不守，那麼縣城、糧銀、百姓都變成了盜寇的勢力，那對國家的損失有多大。因此楊氏肯定地說：「請重賞募死士，尚可濟。」

李侃只好聽從老婆的話，立刻召集城中吏民代表，對大家說：

「我現在雖然是你們的首長，可是任期屆滿時就會離去，不像各位，生於斯長於斯，祖墳亦均在此，難道不該共同死守鄉土，而投降盜賊任憑宰割麼？」

這席話使吏民激動啼泣，允諾死守，於是李侃設下獎金，徵得死士數百人，登城守備，其妻楊氏親自煮飯供應戰士，還派人轉告城外賊酋說：「項城父老，義不下賊，得吾城不足為威，宜亟去，徒失利無益也！」賊酋大笑，下令攻城，亂箭中李侃不幸肩胛被射中，《史記》中有幾句感人的記敘：「侃中流矢，還家。婦責曰：『君不在，人誰肯固？死於外猶愈於床也！』侃遽登城。」

壯哉李侃妻！這種氣概，真令男兒汗顏！李侃中箭受傷跑回家裡，楊氏不但不作兒女態，反而把他責備了一頓，尤其是那句「死於外猶愈於床也」罵得慷慨，罵得激烈！李侃還能躲在家裡養傷嗎？只有硬著頭皮，忍痛立即登城督戰。

後來，賊將中箭而亡，賊兵遂退去，項城得保平安，李侃奉旨因功調升為太平令，其實都是他的妻子楊氏的功勞，李侃夜半捫心，不覺得慚愧才怪。

14. 智勇兼備謝小娥

每個人都會做夢，夢境常常令人困惑，因此古代有「占夢術」，以卜夢境帶來的吉凶，《周禮．春官》記載從周代開始，朝庭就設有專門負責占夢的官員，還將夢境分為正夢、噩夢、思夢、寤夢、喜夢和懼夢六種類型，《藝文志》中就收錄了很多有關占夢術數的著作，可見國人對於占夢是相當重視的。

《唐書》卷二百五記載一段占夢尋兇復仇的史料，相當傳奇，主角是豫章人名叫謝小娥，替她占夢的隴西李公佐還為這件事寫了一篇《謝小娥傳》，收錄在《太平廣記》中，傳為千古奇談。

謝小娥十四歲時，長得亭亭玉立，嫁給歷陽青年段居貞，段家經商，擁有舟船於江湖間運貨往返，獲利頗豐。有一趟走船，段父與段居貞攜同謝小娥及家人隨船南下，不料中途遇到水盜，殺死段家父子弟侄，盡劫其財貨，謝小娥亦「傷胸折足，漂流水中，為他船所救，經夕而活。」這一巨變，全家僅剩一孤婦，淪為乞丐，流落到上元縣，在妙果寺由主持淨悟收留，倖免作為路旁餓殍。

大難不死，謝小娥身負血海深仇，寢食不安，夜中經常噩夢連連，半夜驚醒，莫不垂淚到天明，發誓要為夫家報仇，有一個夜裡，她夢見丈夫段居貞，清晰地告訴她說：「殺我的人是『禾中走，一日夫。』」後來又夢見她的公公對她說：

「殺我的人是『車中猴，門東草。』」

謝小娥牢記住夢中的話，可是無法瞭解那到底是甚麼意思，請教了很多人，都說不出所以然來。有一年，李公佐從江西罷官返鄉，路過上元，到寺中參拜，聽到和尚提起謝小娥夢中的字謎，頗感奇特，就找謝小娥當面詢問，謝小娥就把自已夫家被水盜殺人劫財的經過一五一十地向李公佐哭訴，李公佐一邊傾聽，一邊思索，不多久便得了解答，立即告訴謝小娥說：「殺妳公公的強盜叫申蘭、殺妳丈夫的強盜叫申春。」他接著解釋：車中猴的「車」字去其上下一劃留中乃為「申」字，而且申屬猴；門東草則為「蘭」字，至為淺現。而禾中走之意是穿田而過，也是「申」字，一日夫則是「春」字，應無疑義。

謝小娥叩頭致謝，深信不疑，於是裝束為男人，在江湖上幫傭度日，沿江探訪姓申的人氏，一年多後，到了潯陽郡，見有招帖招收傭工，揭帖往訪，那家主人竟名申蘭，於是就在申家幫傭，恭順努力，漸淂主人信任，而將家中收支賬目均委謝小娥掌管，在庫房中居然發現段家被劫的金寶錦繡，謝小娥認出那是夫家財物，禁不住暗自哭泣。兩年有餘，主人申蘭仍不知道謝小娥是女扮男裝。

「蘭與春，宗昆弟也，時春一家住大江北獨樹浦，與蘭往來密洽，蘭與春同去經月，多獲財帛而歸，每留娥與蘭妻同守家室，酒肉衣服，給娥甚豐。一日，蘭與春會，群賊畢至，酣飲。及諸凶既去，春沉醉，臥於內室，蘭亦露寢於庭。小娥潛鎖春於內，抽佩刀，先斷蘭首，呼號鄰人並至，春擒於內，蘭死於外，獲贓收貨，數至千萬。餘黨數十，娥悉記其名，均擒就戳。時淂陽太守張錫善娥節行，為具其事上旌表，乃得免死。」李公佐撰述小娥後來在泗州開元寺為尼。

謝小娥以一弱女子，智勇報仇，令人敬佩，難怪《唐書》中有她的列傳。

15. 首位女皇陳碩眞

大家祇知道武則天是中國歷史上的首位女皇帝，她在公元六九〇年把大唐國號篡改為「周」，自稱皇帝，其實，在武則天稱帝之前，就有一位「文佳女皇」，名叫陳碩真，應該說她才是中國第一位女皇帝。

陳碩真，唐高宗朝睦州雉山縣梓桐鄉人，現為浙江省建德縣，貧農出身，十七歲時出嫁鄰村農家，第二年丈夫病故，生活陷入困頓，正好唐室高宗王朝內部爭權奪利，奸臣當道，貪贓枉法，使得百姓窮困不堪，怨聲載道，陳碩真是個果敢豪爽的女子，眼看鄉親備受官吏的壓搾迫害，義憤填膺，於是在農村中散佈抗禦貪官、替天行道的言論，受到農民們的熱烈響應，由於她能言善道，聲淚俱下，深深感動了鄉間父老，莫不對她由衷崇敬。

看到有這麼多的人擁護她、追隨她，陳碩真幾乎忘記了自己是誰，不過她的腦筋的確超人一等，立刻利用村民愚昧迷信的心理，放話說是自己乃上界仙女下凡，要來拯救苦難百姓，以宗教的力量，凝聚遠近農民，人數越聚越多，咸以救苦救難菩薩視之。有一天，她宣佈某日即將羽化登仙，農民不捨，竟痛哭流涕，聲振田野，地方官府聞訊，連夜派人將她捉進牢中，群眾突然見不到她，以為真的羽化登仙而去，莫不奔走相告。過了好幾天，審問她的官吏看她只是一個標致的村姑，料定不是甚麼壞人，而且被她那舌粲蓮花、娓娓動聽的言詞所說服，立刻將她無罪釋放，她回到家裡，由她的妹夫章叔胤對外宣佈說：陳姑娘已經成仙，剛從天界返回人間，現在法力無邊，變化莫測，能夠驅使鬼神，撒豆成兵，把她說得天花亂墮，無知的農民信以為真，爭相膜拜，一時間竟有數千人把她當成神仙菩薩，口語相傳，信徒像滾雪球一樣越聚越多。

陳碩真的志向不小，她決心推翻貪污腐敗的朝廷，著手將青壯農民實施軍事訓練，編成義軍，唐高宗永徽四年，公元六五三年十月吉日，她建立了政府組織機制，自稱「文佳皇帝」，任命妹夫章叔胤為僕射（宰相），以下各部分官設職，立即宣佈起義，聚眾上萬，兵分兩路，一路由章叔胤統領攻佔桐廬；一路由陳碩真自己御駕親征，率領兩千義軍攻克睦州、於潛，進兵歙州。聲勢大振，各地農民群起響應，猶如烈火燎原，大有不可收拾之勢。

文佳皇帝攻打歙州，多日未能攻克，於是派遣總兵童文寶率軍四千轉攻婺州，震驚長安，下旨調揚州長史房仁裕發兵征討，同時婺州刺史崔義玄也動員兵馬，任崔玄籍為先鋒，佈陣迎敵，文佳皇帝擭悉童文寶兵力在婺州所阻，立即親率主力部隊馳赴婺州增援，正好這時揚州房仁裕的大兵也開到，兩軍夾擊，義軍乃臨時編組之眾，自然難敵官軍，被打得四散潰逃，被俘逾萬，僕射章叔胤和文佳皇帝陳碩真亦均被俘後處死，起兵才兩個多月的文佳皇帝革命事件，乃告結束。

近代史學家翦伯贊稱陳碩真為「中國第一個女皇帝」，比武則天稱帝還早了三十七年，一個才二十來歲的村姑，能夠有此見識，不能不說是絕代紅妝。所以《唐書》和《資治通鑒》中都有記載，陳碩真在其故鄉青溪還留下了「天子基」、「萬年樓」等遺跡，在千島湖的上埠島上還有「文佳嶺」，紀念文佳女皇的事蹟。

16. 勇報夫仇申屠女

宋代，福建長樂有個姑娘，不但姿容出眾，而且膽識超群，後人稱為俠女。她的父親申屠虔，地方名儒，申屠乃複姓，生女名曰希光，意為希望長大後能有孟光之賢。這申屠希光自幼聰明乖巧，眉清目秀，婉麗脫俗，喜愛讀書習字，過目不忘，十歲時就能撰文吟詩，其父視此女如掌珠，十四歲時曾寫了一首贈其兄漁釣海上的詩，原句為：

生計持竿二十年，茫茫此去水連天。往來酒灑臨江廟，晝夜燈明過海船。
霧裡鳴螺分港釣，浪中拋纜枕霜眠，莫辭一棹風波險，平地風波更可憐。

其父閱後甚為讚賞，譽為才女，寵愛有加，鄉裏望族多望締親，郡中大豪方六一，尤為垂涎希光才色，不惜巨聘，託媒亟力爭取，但是一則由於希光眼界甚高，再則因為父母不捨，均予婉拒，以致拖延到二十歲時，尚未嫁人。

有一個夜晚，希光在睡夢中被一陣笛聲吵醒，她在枕上側耳傾聽，越聽越悅耳，那笛聲像一股泉流，悄悄地淌進她的心裡，在心湖中激起陣陣漣漪，世間那有如此美妙的笛聲？只怪平常早睡，以致失去了欣賞笛韻的機會，於是從此她再也捨不得早睡，一定要等到笛聲隱隱約約地傳來，她躺在床上細聽，暗自欣賞品味，一直到笛聲停歇之後，意猶未足，往往輾轉反側，久久不能入眠。

那笛聲把申屠希光的心情攪得很紊亂，興起了多重幻想，既喜歡，又嫌棄；想不聽，又難捨，有一次她有感而在案上寫下一首詩：

夜月沉沉月滿庭，是誰吹徹繞雲聲？嗚嗚只管翻新調，那顧愁人淚眼傾？

這首詩被其兄所見，立刻猜中了妹妹的心事，原來其兄知道那夜裡吹笛者是侯官人董昌，以異等秀才為學官弟子，年方二十，尚未娶親，於是私下和父親商量，申屠虔遂到學宮去看了童昌，果然一表人才，於是讓愛女找到了歸宿。

希光出嫁前夕，吟了一首留別詩云：

女伴門前望，風帆不可留。岸鳴蕉葉雨，江醉蓼花秋。

百歲身為累，孤雲世共浮，淚隨流水去，一夜到閩州。

她進了董家之後，和夫婿恩愛逾恆，享受夫唱婦隨的幸福生活，不料那方六一娶不到希光，心懷陰狠，使人誣告董昌重罪，捕之入獄，判決死刑，並罪及家族，方六一然後偽裝善人，代為奔走，請求減刑，結果是董昌被斬，家族獲免，過些日子，方六一就派人向希光殷勤慰問，接著又暗示愛意，表達願予照顧終身，希光早已知道方六一的陰謀，恨之入骨，但表面上佯裝應允，將家事安排妥當，要求方六一厚葬其夫，隆重辦完喪事之後，再辦喜事。成婚之夜，方六一大醉入帳，被希光預藏的匕首刺入心臟，又將侍者二人殺死，然後大呼新郎有急病，家人奔入新房探視，都被希光一一刺殺。《巾幗志》俠女希光傳云：「其夜詐謂六一卒病委篤，以次呼其家人，家人皆愕，猝起不意，先後奔入，希光皆殺之，盡滅其宗。因斬六一頭置囊中，馳至董昌葬所，以其頭祭之。明日，悉召山下人告之曰：『吾以此報董君，吾死，不愧魂魄矣！遂以衣帶自縊而終。』」

壯哉申屠女，才華超詣，膽識過人，手刃仇家，為夫雪恨，不愧絕代紅妝！

17. 血書求援林普晴

清代名臣沈葆楨的夫人林普晴，是火燒鴉片的一代名臣林則徐的女兒。

林則徐把女兒取名男性化的「普晴」，意謂普天之下，皆是青天白日的大晴天，口氣不小，期望很高，果然，虎父無犬女，林普晴並沒有讓其父失望。

林普晴嫁給沈葆楨時，沈葆楨還是江蘇巡撫署中的一個小幕僚，這個夫婿，也是其父林則徐親自選定的，婚後兩口子相敬如賓，她不愧是名門之女，在家中受到良好的教育，是個溫良賢淑、舉止端莊、知書達禮、見識廣博的大家閨秀，懂得服侍夫婿，輔佐丈夫讀書理事，力求上進，因此在道光廾七年，沈葆楨考取進士，初授編修，後遷御史，幾次上奏議論用兵之道，極受朝廷重視。咸豐年間，太平天國崛起，江南烽火連天，沈葆楨被派為江西廣信府知府，以扼兵災。

廣信府在江西省的東北部，下轄上饒、弋陽、玉山、貴溪、鉛山、廣豐、興安七個縣，府衙設在上饒，沈葆楨帶了家眷赴任，當時太平軍已經攻下金陵，乘勝向四方攻略，廣信府成為下個目標，沈葆楨發現上饒兵力單薄，於是立即馬不停蹄，前往所轄縣治募兵籌餉，夫人林普晴則留守在上饒城內。

不料太平軍擴展神速，蜂踴而至，要攻取上饒，這時沈知府不在城內，大兵壓境，竟無主帥，城中官商，紛紛收拾細軟，準備逃亡，甚至有官員好心力勸夫人林普晴趕快出城避難，但是林普晴堅決反對，反而挺身而出，召集重要幹部，對大家宣佈誓死守城的決心，她指著庭院中的古井說：「知府大人囑我留守上饒，豈可不負責任？我已決心與上饒共存亡，倘若城破，此井即我之歸宿！」

眾人受其感召，紛紛嚮應，高呼口號，誓死守城，士氣大振，都打消逃亡的念頭，登城守禦。林普晴則命打開府庫，拿出所有的銀錢存糧，犒賞官兵，自己則更換裝束，號召城中婦女，為戰士煮飯送菜，全城動員，堅守城郭。

太平軍將上饒城團團圍住，殺聲振天，大叫開門投降，情況極為嚴峻，這時，林普晴忽然想起：她父親林則徐有一個部下叫饒廷選，就在距上饒不遠的玉山當總兵，麾下有好幾千兵馬，如果能請他派兵救援，應可解燃眉之急，於是硬著頭皮一試，立刻咬破手指，鮮血直滴，寫下一張求援的血書：

賊眾已陷貴溪，上饒危在旦夕，賊首糾眾七萬，百道進攻，氏夫葆楨，出城募兵，更赴河口籌餉，全城男婦數十萬生命，存亡呼吸，繫於一線之間。將軍能以三千眾而解嘉與之圍，奇勇奇功，朝野傾服。今聞駐軍玉山，近在咫尺，氏噬血求援，長跽待命，生死人而肉白骨，是所望於將軍者。

血書派員連夜突圍出城，疾馳玉山，饒總兵看了深受感動，立即調派數千人馬星夜馳援，正好在外募兵籌餉的沈葆楨也得到了上饒被困的消息，馬上率領募得的數千兵馬，連夜趕回上饒，與饒總兵的兵馬會合，兩路夾擊圍城的太平軍，城內官兵，知道援軍已到，在林普晴的指揮下，也出城攻擊，裡應外合，血戰了七天七夜，終於將太平軍擊潰，解了上饒之危。

事後，朝廷論功行賞，沈葆楨升為江西巡撫，而上饒居民都認為林普晴智勇雙全，應居首功，要不是她，上饒早就被太平軍攻陷了。

18. 安貧守賤施良娣

在拜金主義盛行的今天，提起「安貧樂道」、「排富守賤」，似乎不合時宜。大眾只會口中推崇安貧守賤之士，可是光說不練，沒有人自己肯去嚐試。

在春秋戰國時代，就出了一位令人敬佩的女性，名叫施良娣，她的父親官居朝廷為帝王主持鬼神祭祀的「太祝」，地位崇高，而她自己則是才貌雙全、家世顯赫的豪門千金小姐，當她及笄之年時，多少王孫貴冑都在打她的主意，可是她偏偏看上了一個名叫黔婁的窮小子，而且立誓非他不嫁。

那個叫黔婁的窮小子，是個芒鞋布衣的平民，家無恆產，四壁蕭條，比起施太祝府，簡直有天壤之別，不過黔婁卻是飽讀墳典，學富五車的青年，只是他的脾氣很怪，堅持雅操，節義廉退，安貧樂道，不慕富貴，施良娣就愛上他那個德性，她的父母拗她不過，只好答允嫁給黔婁。

施良娣從豪門嫁入寒門，由貴族降為平民，金枝玉葉變成了布衣荊釵，侍婢成群落得是躬操井臼，生活條件極為艱困，飲食起居全靠自理，但是她卻甘之如飴，和黔婁耕田種菜，夫唱婦隨，恩愛旖旎，一點也不後悔。

黔婁寫了四篇論文，闡述道家的精義，從伏羲氏的河圖到八卦，由太極兩儀論及天地運行之道，起初他的論文寫得太深奧，調子太高，未能受到重視，自從施良娣嫁給他之後，夫婦共同討論，她把娘家的太祝家學和天人合一的精髓融合在黔婁的著作中，修改了他原先的論述，完成《黔婁子》一書，問世後大受重視，轟動齊魯，士子奉為研讀之經典，國君和卿大夫視為安邦治國之範本，據《賢明傳》及《高士傳》載：「魯恭公欲以為相，齊威王將聘為卿，均不就。齊每有敵至，王輒徒步詣之，遂得解危。」甚至魯恭公要賜他三千鍾粟米解窮，他竟以無功不受賞而拒收，這個怪人，偏偏背後還有一個和他同一鼻孔出氣的妻子全力支持他的作為，使得大眾對倆夫婦的行誼既訝異又欽佩。唐白居易有詩讚曰：「黔婁固窮士，妻賢忘其貧。」晉陶潛也有詩云：「安貧守賤者，自古有黔婁。」

在施良娣看來，富貴如過眼雲煙，財貨似天邊浮雲，不會長久停留，更不可能永久擁有，所以她寧願過著與世無爭，一無所有的貧窮生活，認為唯有棄物慾、淡名利、方方正正、自食其力、開班授徒、闡揚學說，才是平安幸福的人生。

可惜在春秋戰國時代，各王侯都在追逐權利，妄圖稱霸，學術界瀰漫著封金掛印、權謀取寵的風氣，黔婁夫婦的勵志篤行、高風亮節只能算是大洪流中的一脈細泉，產生不了太大的作用，所以黔婁曲高和寡、有志難伸，學生越來越少，束脩很難糊口，終於悒鬱而終，死時還不到四十歲。

黔婁死時，孔子的學生曾子前往弔唁，看到黔婁停屍在敝窗之下，身上穿著破舊的綈袍，底下墊著爛草席，蓋了一條短短的被單，雙足還露在外面，曾子難過地建議：「斜爾其被，則斂矣！」意思是說被單太短，把它對角斜過來就可以把腳也蓋住了。你猜施良娣怎麼回答？「斜之有餘，不若正之不足。先生生而不斜，死而斜之，非其志也。」這幾句正斜之辨的話，成為千古不朽的名言。

賢哉施良娣，仍承夫志，設帳授徒，教化人心，崇尚節約，誠為紅妝典範。

19. 諸葛夫人黃月英

家喻戶曉的諸葛孔明，從劉備的三顧草廬到後來的七擒孟獲，由借東風至空城計，這些歷史故事的主角軍師孔明，相信在國人的腦中都烙有鮮明的印象，但是提到孔明的太太，恐怕有很多人會覺得印象很模糊。

其實，諸葛夫人可真是一位了不起的女性，她對諸葛亮所建的功勳，有莫大的貢獻，如果沒有她的幫助，諸葛亮在歷史上就不會那麼偉大，只是古代重男輕女，在《三國志》和《漢書》中，往往偏重陽剛，把女性的功勞，統統算在男人頭上，埋沒了女性的奉獻，是有點不公平的。

諸葛夫人是當時沔南名士黃承彥的女兒，原名黃碩，又名月英，由於家學淵源豐富，自幼領受父親調教，加上天資黠慧，創新敏捷，是個與眾不同、極富巧思的故娘，只是她的外貌長得並不清秀，身材壯碩高大，應該可算是一個醜女，然而她的父親卻對她期望甚高，要為她物色一個理想的夫婿。

正好這時諸葛亮追隨其叔父來到荊州城外二十里處的隆中開脫，經營了一座頗有規模的農場，閒時則讀書、拜師、訪友，和當地名流司馬徽、龐統等人互有往來，暢談闊論，分析天下大勢，名氣甚囂塵上，黃承彥從側面瞭解，對諸葛亮相當欣賞。照講諸葛亮滿腹經綸，一表人材，身高八尺，約合今之一．八四米，《三國演義》說他「面如冠玉，頭戴綸巾。」可說是一位高大的美男子，應該很容易找到一位如花似玉的太太，然而他卻熬到了二十五歲，仍未娶妻。黃承彥猜透了諸葛亮的心理，認為他是等待賢內助，而不是找尋美嬌娘，因此認為自己的女兒應該就是諸葛亮所要的對象。據斐松之為《三國志》作註引用《襄陽記》中所云，黃承彥並不透過媒妁，而是自己上門找諸葛亮提親：「聞君擇婦，身有醜女，黃臉黑髮，而才堪相配。」果然，諸葛亮要的是賢慧才幹的媳婦，聽黃承彥這麼一提，正中下懷，這門親事就決定下來了。

黃月英可真是一位才女，諸葛亮造訪黃府時，才知她會製造兩隻守門的機械狗、會畫「曹大家宮苑授讀圖」、會種花蒔草，只是其貌不揚而已。婚後，儘管鄰居戲說「莫學孔明擇婦，止得阿承醜女。」他們並不在意，黃月英親操杵臼，兼理農桑，包攬家務，照顧夫婿，來訪的朋友如博陵崔州平、汝南孟公威、穎川石廣元、徐元直等人都異口同聲地讚

美她的親切熱情、賢慧勤勞

宋范成大著《桂海虞衡志》中云：「汝南人相傳；諸葛亮居隆中時，友人畢至，有喜食米者、有喜食麵者。頃之，飯麵俱備，客怪其速，潛往廚間窺之，見數水人舂米、一木驢運磨如飛。孔明遂拜其妻，求傳是術，後變其製為木牛流馬。」果如是，則木牛流馬的發明鼻祖，該是諸葛夫人了。

據傳：黃月英對藥理本草也深有心得，諸葛亮七擒孟獲的戰事中，部隊所用避瘴的「諸葛行軍散」、「臥龍丹」等藥的配方，也是她提供的。她生了三個兒子，都調教得很有氣節，對孔明更是溫柔體貼，夫妻感情一直甚為親密，儘管軍務倥傯，國事繁忙，有她持家課子，讓孔明無後顧之憂，而且從無緋聞或納妾之事發生在孔明身上，可見她的賢慧與功力，堪稱絕代。

20.

連環計貂蟬擒綱

四大美女之三應是貂蟬。她本性任，小字紅昌，父任昂，故里在忻州市東南三公里的木芝村，盛產木耳，原名木耳村，後因村中槐樹下發現一株千年靈芝，因而改名木芝村。迄今該村仍建有「貂蟬陵園」，大門兩側掛有「閉月羞花堪為中國驕傲；忍辱步險實令鬚眉仰止」的金字對聯。傳說任昂早故，紅昌十五歲被選入宮，掌理內宮的官帽，漢時官帽上有蟬形圖案，下垂貂鼠尾作為裝飾，所以就逕呼她為貂蟬，本名反而被遺忘了。十六歲進了司徒王允的府中；「年方二八，教以歌舞，色伎俱佳，王允以親女待之。」

當時董卓弄權，專橫跋扈，司徒王允亟謀除之，正苦思無策，竟發覺貂蟬常於夜間悄悄地在後花園裡燒香拜月，而且當她每次跪下拜月時，月亮總是躲到雲層裡去，好像是嫦娥也自愧姿容不如，因而乃有「閉月之貌」的稱號。王允認為她是忠心可靠的奇女子，遂定下了連環計，將她送給董卓，藉機施展美人計，挑撥董卓與呂布的感情，唆使呂布刺殺董卓，為國除害。

在《三國演義》第八回有詩讚呂布殺死董卓的原由：

「司徒妙計託紅裙，不用干戈不用兵。三戰虎牢徒費力，凱歌卻奏鳳儀亭。」這件驚天動地的事件，完全由一個弱女子擔綱，難怪當時有人詩讚貂蟬：「一點櫻桃啟絳唇，兩行碎玉噴陽春。丁香舌吐衡鋼劍，要斬奸邪亂國臣。」

貂蟬之美，使得董卓傾心、呂布情迷，而且能夠躍身四大美人之一，並非徒託虛名，據說她行時如風擺楊柳，靜時如露凝牡丹，笑時如芙蓉初綻，言時如黃鶯出谷，她的美姿，真是閉月羞花，人見人愛；她的歌舞，真是動人心紘，無人可比，是故古人有詞贊她：「原是昭陽宮裡人，驚鴻宛轉掌中身。只疑飛過洞庭春，按徹梁州蓮步穩，好花風裊一枝新，畫堂春暖不勝春。」

董卓死後，呂布擁她為妾，百般寵愛，受其美貌所迷，盡日沉溺酒色，終至兵敗身亡，因此有詩論述貂蟬：「紅牙催拍燕飛忙，一片行雲到畫堂。眉黛促成遊子恨，臉容初斷故人腸。榆錢不買千金笑，柳帶何須百寶妝，舞罷隔簾偷目送，不知誰是楚襄王？」

呂布死後，貂蟬為曹操所有，據說這位一代梟雄也曾被她的美貌所動，但是畢竟曹操胸懷大志，不作兒女情長，乃將貂蟬與赤兔馬賜贈給關雲長，企圖利用她的美色，在劉關張三兄弟之間再來一次美人連環計，分化挑撥他們的感情，據傳義薄雲天的關雲長，明知女色是禍水，竟狠心逼她撲劍自殺，所以民間曾有《關公月下斬貂蟬》的戲碼，不過另有一說是關公也懂得憐花惜玉，卻不便收留她，怕惹禍端，乃將她送往庵中出家為尼，不久被曹操知悉，派人前往迎接，貂蟬遂自殺於庵中。

不過，據說四川成都華陽縣集賢鄉永寧裏黃土坡前幾年曾經挖出一塊墓碑，刻有「夫人乃貂蟬之長女也，隨先夫人入蜀」等字，可見貂蟬似乎又曾經追隨關雲長入蜀，而且還育有子女，在歷史上，這位大美人，死因仍然是個謎。

21. 家住西泠妾姓蘇

無巧不成書，史上有兩位花蕊夫人，另有兩位蘇小小，也是有名的美女。《武林舊事》：「南宋有蘇小小，錢塘人，其姊為太學生趙不敏所眷，命其弟娶其妹蘇小小。」因此《陔餘叢考》云：「兩蘇小小，南齊也有錢塘妓蘇小小，才空士類，容華絕世。」這前後兩小小，都極美麗，不過還是南齊時代的蘇小小才貌雙全，生性耿直，留下較多的風流韻事。

南齊蘇小小，先祖東晉為官，家學敦厚，幼讀詩書，聰慧明敏，儀容出眾，不幸父母早逝，隨乳母賈姨移居杭州西湖之濱西冷，十五歲時就長得亭亭玉立、貌若仙娃，她生性浪漫灑脱，好遊山玩水，欣賞自然風光，特地訂製一輛油壁車，由車伕推著逛西湖。《今古奇觀》第四十四卷有一首《臨江仙》詞描寫蘇小小坐油壁車的情景：「氈裹綠雲四壁，幃垂白月當門，雕檻鑿柱以為輪，舟行非槳力，馬走沒蹄痕。望影花嬌柳媚，聞聲玉軟香溫，不須窺見已消魂，朝朝松下路，夜夜水邊村。」有一天蘇小小坐在車上，興之所至，隨口吟了一首詩：

「燕引鶯招柳夾道，章台直接到西湖。春花秋月如相訪，家住西冷妾姓蘇。」

正巧當朝宰相阮道的兒子阮鬱因公到杭州，這天騎了一匹青驄馬逛西湖，在油壁車後聽到了詩聲，又看到車上坐著一位如花似玉的姑娘，兩個年輕人一見鍾情，眉來眼去，傾心愛慕，多情的蘇小小隨口又吟一首詩：

「妾乘油壁車，郎騎青驄馬，何處結同心？西冷松柏下。」

阮郁公子喜出望外，策馬跟著油壁車，就進了蘇家，成了蘇小小的初戀情人。然而好夢易醒，三個月的恩愛，正談到白頭之約，豈料朝中有變，阮宰相派人急催兒子返京，倆口子不得不含淚分手，互囑早日重逢，誰知阮公子這一別，就如斷了線的紙鳶，毫無音訊，害得蘇小小日思夜想，寫下了不少詩詞。如「玉鐲一日斷，濃情己變淡，今日孤身去，回望錢塘岸。」另一首云：「新人千里去，故人千里來。剪刀橫眼底，方覺淚難裁。」還有一闋相思詞云：「別離情緒，萬里關山無底數，遺妾傷悲，到底郎蹤何處去？自從君去，數盡殘冬春又暮，等到花開，庭院深深連夜雨。」句中流露出少女的思念、離情的哀怨，委惋感人。

殘酷的初戀，對她的打擊很重，但是她是一個灑脫浪漫的女孩子，不久她又恢復遊山玩水、結交文人的生活，名氣越來越大，但是她是有選擇性的交遊，有一個上江觀察使孟浪因公路過西湖，慕名邀約蘇小小，竟被拒絕了三次，其不畏權勢的精神，一時傳為佳話。

在蘇小小二十歲時，邂逅一個赴京趕考的窮秀才鮑仁，對他寄望甚殷，不吝資助百金，讓鮑仁晉京，相約後會有期，鮑仁果然不負所望，金榜題名，外放滑州刺史，特地繞道西湖，要向蘇小小報喜，豈料她因感染風寒，竟然香消玉殞，緣慳一面，鮑仁大慟，親自為其送葬，在西冷橋畔修建墳墓，墓碑上親書「蘇小小墓」。後人還在墓前建一座「慕才亭」，楹聯曰：「千載芳名留古跡；六朝韻事著西冷。」歷代文人追慕蘇小小的才貌，為她吟詠不少詩篇雋詞，她的墳墓，歷代也有重修，據說乾隆皇帝第一次下江南時，就去造訪蘇小小墓哩。

22. 無人知是李師師

李師師是宋代一位貌若天仙，藝冠群芳，逗得皇帝情迷，詩人意亂的名妓。

她的父親王寅，是汴京一家官營染局的工匠，母親因生產血崩而死，靠父親餵米漿存活，四歲時父親因罪下獄而亡，被金錢巷的青樓鴇母李姥收為義女，遂改姓為李師師，接受青樓中各項技藝、歌舞、和詩書的培訓。

李師師十五歲時，已出落得娉娉婷婷、窈窕可人，由於她的聰明伶俐，嗓音圓潤，體態妖嬈，宛如一朵含苞的牡丹，經過李姥和名師的精心調教，把宋代十八調四十大曲的歌舞融會貫通，一時艷聲大噪，時人有詩形容她的姿容：「嚲眉鸞髻垂雲碧，眼入明眸秋水溢，鳳鞋半折小弓弓，鶯語一聲嬌滴滴。裁雲剪霧製衫穿，束素纖腰恰一搦。桃花為臉玉為肌，費盡丹青描不得。」

首先撞入李師師情網的是當代才子晁沖之，只是沒有多久，他就因應試不第而離京，斷了音訊，晁沖之曾為這一段情填了《臨江仙》後半闋云：「試問無情堤上柳，也應厭聽離歌，人生無奈別離何。夜夜嫌夢短，淚少怕愁多。」

接著，又有一位大詞家秦觀一到汴京，就愛上了她那「遠山眉黛長，細柳腰肢裊，妝罷立春風，一笑千金少」的美姿，認為「看遍穎川花，不似師師好。」極力吹捧李師師，為她填了不少新詞，讓她唱出，相得益彰，大受歡迎。

正好這年秦觀應試登第，蘇軾推薦他任定海主簿，不得不與師師話別，還填了一闋《鵲橋仙》相贈，後半闋云：「柔情似水，佳期如夢，忍顧鵲橋歸路。兩情若是久長時，又豈在，朝朝暮暮。」李師師也頓失所託，意興闌珊，自吟「鬢雲偏，籠鬆未整，鳳釵斜墮，宿酒殘妝無意緒，春恨春愁似水。」還好，沒有多久，她又認了一位比秦觀小七歲的周邦彥，他是錢塘江畔的風流才子，廿二歲到京師太學讀書，寫了一篇《汴都賦》而聲名震耀海內，被破格提拔為主管太學的太學正，他閒來常逛聲色場所，也被李師師的才貌所迷，成為入幕之賓。

李師師名滿京城，使風流倜儻的宋徽宗也動了心，微服出宮暗探艷閨，百聞不如一見，也被她的姿貌和歌藝迷住了，忍不住經常偷出宮去幽會，並以龍鳳絲巾為定情物。後人有詩云：「翠華深夜訪嬌嬈，恰值銀河架鵲橋，離別漫添牛女恨，君恩有約在鮫綃。」

有一次，周邦彥正在李師師房中，李姥忽報皇上又來了，周邦彥走避不及，只好躲在床下，徽宗帶了幾顆江南剛進貢的新橙，和李師師邊吃邊調笑，到深夜才離去。後來周邦彥為這件事填了一闋新詞《少年游》：「并刀如剪，吳鹽勝雪，纖手破新橙。錦幄初溫，獸煙不斷，相對坐調笙。低聲問向誰行宿？城上已三更，馬滑霜濃，不如休去，直是少人行。」李師師不留心將這詞唱給徽宗聽，徽宗大吃飛醋，把周邦彥發配邊疆，李師師送行時哭得眼睛都紅腫了，徽宗於心不忍，只好改召周邦彥為大晟府樂正，仍留京城。

不幸的是金兵入侵，汴京淪落，徽欽二宗及妃后被擄北去，在兵慌馬亂中，李師師的下落有二說；一說被漢奸張邦昌搜獻給金帥，師師憤而吞金簪自殺；二說她隨難民南渡，流落湖湘，仍以歌唱賣藝為生，但是年華已逝，南人多不認識，故有詩人歎云：「檀板一聲雙淚落，無人知是李師師。」當以此說較為可靠。

23. 惟有朝雲能識我

蘇東坡一生娶了三個姓王的女人；元配夫人王弗，廿七歲就病逝，續娶王弗的堂妹王閏，後來又在杭州納了王朝雲為妾，這時，蘇大詩人已經四十歲。

王朝雲，錢塘人，出生貧寒，自幼淪落在歌舞班中，但是她天生麗質，能歌善舞，雋秀淡雅，清標絕俗。那年蘇東坡被貶到杭州任通判，常與文友遊湖吟詩，也招歌舞班隨船助興，他發現王朝雲不僅歌舞出色，而且氣質清純，迥然與眾不同，於是另眼看待，不久便為其脫籍，收納為妾。

在蘇東坡這三個妻妾當中，朝雲最溫婉賢淑，善體人意，使蘇東坡深愛不已。據說有一天酒醉飯飽，他捧著自己的肚子笑問妻妾此中何物？大家都說是滿腹學問，獨有朝雲笑謂：「大學士滿肚子的不合時宜。」蘇東坡欣然大笑，讚曰：「知我者，朝雲也。」因而益加寵愛。

朝雲原先沒有讀過多少書，但是她在東坡身邊努力學習，不但大有精進，而且還會寫得一手好楷書。東坡是個美食家，而朝雲也學了一手好廚藝，她煮的菜餚，很合東坡的口味，迄今依然膾炙人口的「東坡肉」，就是自出朝雲之手。

耿直豪爽的蘇東坡，在當時和掌權的王安石政見不合，因此屢被貶謫，忽爾入京，忽爾外調，生活不定，薪俸單薄，所以過得很苦，在被貶為黃州副使時，他吟詩記敍當時的生活情形是「今年刈草蓋雪堂，日炙風吹面如墨。」而跟隨身邊的王朝雲卻心甘情願，無怨無悔，布衣荊釵，胼手胝足，悉心為東坡照顧起居，讓東坡仍然可以過著詩酒遊樂的生活，確是相當難能可貴的表現。

後來，蘇東坡又被遠貶到廣東惠州，在當時那是南蠻荒野之地，而且他已年近花甲，前途茫茫，家中的侍婢紛紛求去，惟有朝雲默默地跟著他，長途跋涉、翻山越嶺，一起來到惠州上任。東坡深有所感，吟了一首詩贈給朝雲，詩前序言曰：「予家有數妾，四五年間相繼辭去，獨朝雲隨予南遷，因讀樂天詩，戲作此贈之。」原來是白樂天年老體衰，多年被其寵愛的美妾樊素竟不告而去，因吟「病與樂天相共住，春同樊素一時歸。」東坡讀其詩而深感朝雲之德，是故贈詩獎勉。

朝雲為東坡生了兩個兒子，在黃州生的取名遂禮；在惠州出生的取名幹兒，可惜當時經濟拮据，產後欠缺調養，以致身體非常虛弱。有一天，東坡填了一闋《蝶戀花》詞云：「花褪殘紅青杏小，燕子飛時，綠水人家繞。枝上柳綿吹又少，天涯何處無芳草？牆裡鞦韆牆外道，牆外行人，牆裡佳人笑，笑聲不聞聲漸杳，多情卻被無情惱。」要朝雲試唱解悶，朝雲唱了幾句，不禁悲上心來，泣不成聲，唱不下去。東坡驚問其故，答曰：「奴所不能歌，乃有感於『枝上柳綿吹又少，天涯何處無芳草』也。」東坡大受感動，四出延醫為她診治，均未奏效，她就皈依佛門，誦經求佛，不久仍然撒手長逝，死時年僅三十四歲。

朝雲追隨東坡將近二十年，對東坡照料最多，用情極深，真是賢妻良母的典型，所以東坡的詩詞中很多都是為懷念朝雲而作。她死後東坡將她葬在惠州西湖孤山南麓棲禪寺大聖塔的松林中，墓上築六如亭紀念她，親題楹聯云：

不合時宜、惟有朝雲能識我。

獨彈古調、每逢暮雨倍思卿。

24. 落花猶似墮樓人

「繁華事散逐香塵，流水無情草自春。日暮東風怨啼鳥，落花猶似墮樓人。」這首《金穀園》是杜牧吟詠一代美女綠珠的詩，名詩雋句傳誦千古，也把美女綠珠的事蹟流傳萬世。

綠珠，姓梁，廣西博白人，當地以盛產珍珠聞名。西晉太康年間，富豪石崇出任交趾採訪使，路過博白雙角山，看見一個小姑娘在吹笛，笛聲悠揚，怡心悅耳，注意一瞧，那姑娘可長得眉目含情，清秀絕俗，石崇大喜，用三斛珍珠買之攜回京城，略加裝飾培訓，竟成一位色藝雙全、穎慧明敏的美人，因號綠珠，倍受石崇寵愛。

梁綠珠出生於水清山秀、地靈人傑的博白鄉野，幼受山川之氣，浸潛花木之蔭，生性柔中帶剛，歌舞自創一格，在石崇府中無數美女群裡脫穎而出，貌冠眾芳，藝高一等，石崇特地為她建了一座「金穀園」，園中亭台樓榭、曲池迴廊，遍植奇花異草，雕欄玉砌，整日和她在園中飲酒吟詩，歌舞不輟，可惜石崇為人狂妄，過度眩耀財富，而綠珠嬌艷的名氣更傳播遐邇，難免引人羨妒。

《晉書石崇傳》云：「崇有妓曰綠珠，美而艷，善吹笛。孫秀使人求之。崇時在金穀別館，方登涼臺，臨清流，婦人侍側。使者以告崇，崇盡出其婢妾數十人以示之，皆蘊蘭麝、被羅縠，曰：任所擇。使者曰：君侯服御，麗則麗矣，然本受命指索綠珠，不識孰是。崇勃然曰：綠珠吾所愛，不可得也。使者曰：君侯博古通今，察遠照邇，願加三思。崇曰：不然！使者出而又反，崇竟不許。秀怒，乃矯詔收崇，崇正宴於樓上，介士到門，崇謂綠珠曰：我今為爾得罪。綠珠泣曰：當效死於君前。因自投於樓下而死。」石崇為了愛護綠珠終而被孫秀矯詔斬首，綠珠則為了報答石崇而投樓自盡，以死酬情，男的被殺，女的自殺，流傳為史上一節淒美的愛情故事。

後代文士，對綠珠的節烈，多有吟詠讚歎，白居易《洛中春感》詩云：「莫愁金穀園中月，莫歎天津橋上春，若學多情尋往事，人間何處不傷神？」就是有感而作，勸人不要太多情，多情必然會傷神。想當年金穀園中綺麗的風光、纏綿的情意，正是「蘭堂上客至，綺席清弦擾。自作明君辭，還教綠珠舞。」然而過分的享樂、盲目的自狂，往往是要付出慘重的代價：「綠珠含淚舞，孫秀強相邀，一躍墮玉樓，花鈿無人收。」怎不令後人感慨唏嘘？

在唐代，對綠珠事蹟頌揚得相當熱烈，詩人詞客，吟哦甚夥，傳奇小說也加以描述，甚至宰相牛僧孺也曾經夢見綠珠，還作詩記夢：「此日人非昔日人，笛聲空怨趙王倫。紅殘鈿碎花樓下，金穀千年更不春。」更有人作《綠珠怨》以發洩情緒，引出另一節情愛的故事：《唐詩紀事》云：「喬知之有寵婢曰碧玉，知之為之不婚，為武承嗣所奪。知之作綠珠篇寄之，而末句云：百年離別在高樓，一旦紅顏為君盡。碧玉結於衣帶投井而死，承嗣見詩大恨，知之坐此陷亡。」這節故事中的女主角碧玉，以死酬情的表現幾與綠珠相似，而男主角喬知之也跟石崇一樣，命喪情敵之手，所謂歷史不會重演，可是悲劇為甚麼卻常常重演呢？

25. 如是我聞柳如是

柳如是，浙江嘉興人，是明末清初的一位絕世美女，而且詩書琴畫，樣樣精通；情義膽識，不讓鬚眉，是四百年前名噪一時的絕代紅妝。

她的身世堪憐，從小就被拐子賣給官府做丫環，主人周道登步步高陞，她也由小姑娘變成婀娜娉婷的小美人，當時周道登已升為宰相，對身邊這個小姑娘疼惜備至，時常在書房中抱著她坐在膝蓋上教她練字，兩人肌膚相觸，少女的體香薰得周道登意亂情迷，就在她十四歲及笄那年，被周道登納為愛妾。

一年後，周道登罷相在家，妻妾爭寵，誣告柳如是偷漢，周道登大怒，原要亂棍打死她，幸虧周母出面阻止，把她賣給了盛澤鎮楊姓妓院。

從此，柳如是自十五歲起就在妓女戶中掛牌楊愛，由於她豔麗出眾，而且胸有翰墨，很快就闖出名號，文人雅士，詩酒唱和，書畫往還，和南明復社領袖陳子龍等人最為相和，她的書法得自李待問的指點，思想受到復社成員的影響，不久，楊氏鴇母病逝，楊愛就以花冠之尊接辦妓院，恢復姓柳，更名隱。往後兩年中，她和文人陳子龍、李待問、宋轅文各有一段深刻的愛情，談及嫁娶，但是都沒有成功。不過慕名追求的人仍如過江之鯽，可是在她看來，無一可取，蹉跎到二十歲，有人勸該擇枝而棲了，她笑答：「非才學如錢學士虞山者免談！」

她所說的是錢謙益，世稱虞山先生，在當時是文壇泰斗，名望極高，他讀過陳子龍為柳隱刊刻的詩集《戊寅草》，驚為奇女子，如今又傳說她要嫁人就非得像他這樣的人不嫁，禁不住砰然心動，於是專程去看看她。

這時，錢大學士已經六十歲，而柳隱才二十歲，可是兩人相見，談詩論詞，寫字寫畫，有說不完的話題，不但投契，而且相傾，竟成了忘年的詩侶情人。沒有多久，在文友的起哄下，二人竟認真起來，柳隱到錢府「半野堂」拜訪，受到錢家上下包括原配陳夫人的歡迎，錢謙益還在半野堂旁為她闢建一幢豪華別墅名「我聞室」。「我聞」二字出自《心經》中「如是我聞。」柳隱住進後就改名為柳如是。有感而吟了一首《春日我聞室》：「裁紅暈淚碧漫漫，南國春來正薄寒。此去柳花如夢裡，向來煙月是愁端。畫堂消息何人曉？翠帳容顏獨自看。珍重君家蘭桂室，東風吹取一憑欄。」錢謙益讀罷深有所感，於是不顧世俗批評，以隆重的婚禮取她入門，老夫少妻，整日唱和，謙益著書立說，如是查證資料，形影不離，其樂融融。可惜好景不長，清兵攻下南京，大明危在旦夕，柳如是對錢謙益說：「你殉國時我殉夫。」然而錢謙益畏死，投水自殺未成，遂屈節降清，還當了清廷的禮部侍郎，柳如是堅決反對，一再苦勸，半年後他終於告病回鄉。

接著，錢謙益因案株連，吃了兩次官司，都由柳如是奔走賄賂營救出獄，於是勸他全力資助尚在南方抗清復明的張煌言、瞿式耜、鄭成功等義軍，從事地下工作，為錢謙益降清的行為爭回一些愛國的民族氣節。

錢謙益活到八十歲，柳如是為他生了一個女兒，錢氏死後不久，原先貸款暗助義軍的債主，都來向柳如是討債，要分她的家產，她一怒之下，自縊於榮木樓，才把所有的債主都嚇跑，一代才女，死時才四十歲。

26. 才情並茂魚玄機

魚玄機，原名魚幼薇，字慧蘭，唐武宗會昌四年（公元八四四年）生於長安，父親飽讀詩書，只是考運欠佳，未能中舉，這個獨生女，眉清目秀，人見人愛，其父遂悉心啟導栽培，五歲誦詩，七歲習作，十歲出頭時她的詩文已經流傳鄰里，被譽為「小才女」。

小才女十二歲時，父親病逝，她跟母親在平康里租了一間小房子，幫平康里那些妓院中的姑娘們漿洗衣服糊口，她除了當母親的助手，閑時不忘讀書，隨興吟哦，不久，她的才氣也就傳遍了平康里。

這年，大詩人溫庭筠來到長安，和詩友遊逛平康里，聽到了魚幼薇的才名，半信半疑，特地慕名去探訪，十三歲的魚幼薇，梳一根辮子，纖眉大眼、桃臉杏腮、白裡透紅、嬌巧靈秀，正如一朵含苞待放，萌芽半吐的花兒，溫庭筠為了要證實傳聞的真偽，指著江邊柳要魚幼薇寫一首詩，她思索了一陣，就寫下：

翠色連荒岸，煙姿入遠樓；影鋪春水面，花落釣人頭。
根老藏魚窟，枝低繫客舟；蕭蕭風雨夜，驚夢復添愁。

溫庭筠一看，大感驚訝，小小年紀，有此詩才，果真名不虛傳，心中暗自嘆服，自此他就常常來到她家指導她做詩，還以金錢資助母女改善生活，由於他比她大二十八歲，因此兩人遂成了忘年之交，亦師亦友、如父如兄。只是沒有多久，溫庭筠離開長安去襄陽任刺史徐簡的幕僚，魚幼薇依依難捨，思念不已，寫了好幾首「遙寄飛卿」的詩，情深意切，流露了純真的少女情懷。兩年多後，溫庭筠又回到長安，這時魚幼薇已然是亭亭玉立、嬝嬝娉婷的及笄少女，而溫庭筠已是四十出頭的人，重逢自有一番歡愉，溫庭筠仍以女弟子對待，經常邀她與詩友出外遊覽，飲酒吟詩，有一次在城南崇貞觀中看到許多新科進士在壁上題詩，魚幼薇感觸良多，一時詩興大發，大膽地也在壁上題了一首詩：

雲峰滿月放春晴，歷歷銀鈎指下生；自恨羅衣掩詩句，舉頭空羨榜中名。

這首氣勢非凡，自恨為女兒身，不能並駕齊驅的詩，被新科狀元李億看到，大為驚羨，他和溫庭筠是好友，因而懇託溫庭筠從中撮合，正好這年她的母親病故，剩下孑然一身，於是答允嫁給李億為妾，原以為才子佳人，應是良緣，豈料李億的妻子裴氏妒心奇重，把魚幼薇痛加鞭笞，趕出家門，李億只好在曲江咸宜觀捐了一大筆香油錢，讓魚幼薇暫時棲身，老觀主一清主持給她取了「玄機」道號，後人就稱她為魚玄機道姑，蓋過了她的本名。

魚玄機在咸宜觀形式上靜修了三年，心中一直思念著李億，因此寫了好多「寄李子安」的詩，子安是李億的號，詩中充滿相思哀怨之情，後來聽說李億舉家遠赴揚州任官，丟下她不聞不問，這一刺激，改變了她的人生觀，正好老主持死了，她當了主持，又買了兩個貧苦的女弟子侍候她，於是索性在門外掛起「魚玄機詩文候教」的招牌，立即招引不少文人騷客，慕名來訪，詩酒唱和，她專挑年輕英俊、舞文弄墨的公子哥兒交往，先後和左名揚、李近仁、陳韙等人往返親密，有一位官員斐澄也十分愛慕魚玄機，多次來訪，但她難忘李億大婦裴氏虐待之恨，連帶討厭姓裴的男人，幾次都給裴澄非常難看，裴澄只好悻悻離去。

魚玄機對貴族公子陳韙用情甚深，她第一次見到他帶了樂師歌姬來到觀裡遊樂時，芳心就不禁怦然而動，當晚就寫了一首詩，吐露衷心的暗戀私慕之情：

恨寄朱弦上，含情意不任；早知雲雨會，未起蕙蘭心。
灼灼桃兼李，無妨國士尋；蒼蒼松與桂，仍羨士人欽。
月色庭除淨，歌聲竹院深；門前紅葉地，不掃待知音。

第三天，陳韙又單獨來咸宜觀找魚玄機，郎情妹意，自然一拍即合，於是魚玄機就謝絕其他詩友，專情對待陳韙。某日，魚玄機有事外出，不久返回，女弟子綠翹告訴她說「陳公子剛才來過，聽說主持不在，沒有下馬就走了。」魚玄機心中起疑，覺得陳韙既來了就一定會在觀中等她，絕不會掉頭就走，同時她又看到綠翹兩腮緋紅、髮辮鬆散、神色有異，懷疑這女弟子和陳韙不幹好事，不禁妒火中燒，連夜拷問綠翹，那綠翹死不承認，而且反唇相譏，更惹火了魚玄機，抓起她的頭髮撞墻，未料用力過重，綠翹竟告氣絕，魚玄機闖下大禍，只好在觀後空地裡挖一個坑，將綠翹草草埋葬，豈知下了幾天雨，表面泥土被沖走，不久，有個客人在後院看到陣陣綠頭蒼蠅群聚地面飛舞，於是發現了綠翹的屍體，魚玄機被官府拘提上堂，她抬頭一看，主審官員竟是當初被她冷落的裴澄，她知道在劫難逃，索性據實招供，免受皮肉之苦，就這樣，她以殺人罪被裴澄簽報判處死刑，秋決時由京兆尹溫璋執行問斬，二十六歲年華，絕代才情，就告香消玉殞。晚唐皇甫枚的《三水小牘》、宋代孫光憲的《北夢瑣言》、元代辛文房的《唐才子傳》均有記載魚玄機的事蹟。

27. 萬里橋邊女校書

萬里橋邊女校書，枇杷巷裡閉門居。掃眉才子知多少，管領春風總不如。

以上是中唐詩人王建寄贈才女美人薛濤的一首詩，對薛濤的詩才備極推崇。

薛濤；字洪度，唐代宗大歷五年（公元七七〇年）出生於長安，父親薛鄖，吏員出身，幼時隨父調職遷居成都萬里橋邊。

薛家原是書香門第，尤其愛好文學，吟哦之聲，洋溢庭院，薛濤自幼耳濡目染，也成了詩迷，加上她天生麗質，聰明絕頂，詩文過目不忘，靈感洶湧如泉，七八歲時就已通曉音律，出口成章，鄰居譽為神童才女。

有一天，她父親望著宅院中的一株梧桐樹，即興吟了兩句詩：「庭院一古桐，聳幹入雲中。」八歲的薛濤正好也在旁邊，薛鄖就叫她接下去，她想了想，隨即吟曰：「枝迎南北鳥，葉送往來風。」薛鄖聽了沉吟片刻，先是暗喜女兒才思敏捷，創意切題；接著又感到一陣憂慮，因為以一個女孩子吟出這種意境的句子，實在不是好預兆。不幸果如所料，在她十二歲那年薛鄖病故之後，母女生活相當艱困，儘管她深居簡出，但是她的詩才和艷名仍然不脛而走，新任的劍南西川節度使韋皋遂慕名將她延入府中參與應酬，侍酒賦詩，那年，她才十六歲。

寡母孤女，碰上專制的高官，命運就這樣註定了；韋皋欣賞薛濤的容貌才情，把她留在府中，列入樂籍。所謂樂籍，在唐代就是「官妓資格」，由官府供給衣糧待遇，母女的生活問題是解決了，然而她從此就與「良家婦女」絕了緣。

不過，薛濤並不因此而沉淪下去，反而更加努力學習，書法和寫詩，是她排遣寂寞的不二法門，在往後酬酢的場合中，她認識了許多當代文豪，和她酬唱往來，益發豐潤了她的詩作，如白居易、元稹、劉禹錫、王建、張籍、杜牧、牛僧孺、令狐楚、裴度、嚴綬等名家，這些人都對她讚佩有嘉，其中元稹還和她談過三個月的戀愛，薄倖的元稹離開四川後就斷了緣份，此後她就一直孑然孤居。

韋皋一直都很疼愛薛濤，只有一次因為薛濤使脾氣惹火了他，把她下放到松州去，她在松州寫了《十離詩》等作品寄給韋皋。那有名的《十離詩》是犬離主、筆離手、馬離廄、燕離巢、鸚鵡離籠、珠離掌、魚離池、鷹離韝、竹離亭、鏡離台。韋皋讀了深受感動，又把她調回成都。

回成都後，薛濤利用多年的儲蓄，花錢脫籍，換得自由之身，在萬里橋邊遍種枇杷花木，母親已故，買了丫環陪伴，賞花吟詩度日，但是歷任鎮蜀主帥還是慕名請她參加酬酢，其中武元衡曾奏請朝庭延聘她為「校書郎」，雖未奉准，但是大家都稱她薛校書，這「校書」竟成為後代對能寫詩的樂妓的代名詞。

公元八三二年夏，薛濤病逝，享年六十三歲，西川節度使段文昌為她撰寫墓誌，四周廣植桃花，後人為她寫了不少紀念追思的詩文，還在墓旁修建亭台樓館，名為「薛濤故居」，形成今日成都的「望江樓公園」。留存下來的《薛濤詩箋》有九十一首，《文獻通考》譽云：「妓樂而工詩者，濤亦文之妖也。」為了題詩，她還發明了「薛濤箋」，造箋的井叫「薛濤井」，望江樓的楹聯寫得好：「古井冷斜陽問幾樹枇杷何處是校書門巷？大江橫曲檻占一樓煙雨要平分工部草堂。」

28. 詞苑奇葩李清照

尋尋覓覓，冷冷清清，悽悽慘慘戚戚。乍暖還寒時候，最難將息。

這是宋代才女李清照膾炙人口的名作《聲聲慢》詞中的佳句，相信很多人都讀過，也都能琅琅上口。

李清照，山東濟南人，號易安居士，所以後人亦稱其為李易安。父親李格非，曾任禮部侍郎，是當時著名的學者；母親王氏，是狀元王拱辰的孫女，所以家學淵源深厚，世代書香傳承，難怪她自幼天資聰穎，秀外慧中，十一歲時，就寫了不少詩文，受到父執詩人學者晁補之等人的讚賞，她的作品更是傳遍鄉里，咸認這個女孩將來必定無可限量。

這位小女孩天生是讀書的料子，經常是手不釋卷，吟哦朗誦，沈醉於典籍書瀚之中，十六歲時，她不但擅長吟詩填詞，而且還工於散文駢體，書法繪畫，亦有驚人的成就。十七歲時嫁給二十歲的太學生趙明誠，她的公公趙挺之曾任宰相，趙明誠並無紈褲子弟的習氣，和李清照有共同的好學志趣，夫婦秉燭夜讀、倚窗唱和，過著恩愛幸福的婚後生活，是令人羨慕的一對才子佳人。

趙明誠對於考古學特別有興趣，花了很多的功夫，尤其是搜集古代的金石書畫，不遺餘力。他雖然家道富有，自己也先後出任過山東萊淄兩州的長吏，收入也很可觀，但是為了收購古董金石，一擲千金；編印《金石錄》，雖然名滿天下，但是所耗不貲，李清照順著丈夫的愛好，一點也不在意。

婚後的李清照，對於詩詞的造詣，更是達到了爐火純青的境界，夫妻間經常唱和往返，作品頗豐，文友們大多讚美李清照，令趙明誠很不服氣。元代伊士珍的《琅嬛記》以及《詞苑叢談》中均有一段這樣的記載：「易安以重陽《醉花陰》詞函致趙明誠，明誠嘆賞，自愧弗逮，務欲勝之，一切謝客，廢食忘寢者三日夜，得十五闋，雜易安作以示友人陸德夫。德夫玩之再三，曰：『只三句絕佳。』明誠詰之。答曰：『莫道不消魂，簾捲西風，人比黃花瘦。』正易安作也。」可見趙明誠畢竟比不上自己的老婆。

可惜好景不常，北宋皇朝被金人逼迫南遷，她們夫婦在山東無法安居，隨著難民流亡到南京，宋高宗雖然派趙明誠去做湖州太守，只是他病倒了，沒有辦法去上任，李清照日夜侍候他，第二年還是宣告不治，才活了四十九歲。這對李清照的打擊實在太大了，使她陷入極度悲苦的生活中，加上時局變化，南京淪落，宋室播遷杭州，李清照跟著朝廷移動，最後在臨安定居，在顛沛流離的過程中，她把所有的古董書物、金石雕刻統統丟棄殆盡，所以她的後半生是很悽苦的，因此她晚年的詩詞，也充分流露了哀傷的愁懷和國破家亡的悲痛。

李清照的詞，強調協律，崇尚典雅，辭句清俊，極富情感，曾力倡「詞乃別是一家」之說，後人讚她「文詞絕妙，鬼斧神工，前無古人，後無來者。」因而尊她為「婉約宗主」、「詞苑奇葩」，並與李白、李後主合稱「詞家三李」。

不幸的是她的詩詞大多散失，《四庫提要》云：「清照以一婦人，而詞格乃抗軼周柳，雖篇帙無多，固不能不寶而存之，為詞家一大宗矣。」所言極是。

29. 貞烈才女吳絳雪

清代俞曲園手編《吳絳雪年譜》一開頭就說：「吳絳雪以國色天才，從容赴義，以全永康一邑民命，亦昭代一奇女子也。」

吳絳雪，名宗愛，浙江永康人，父親吳士騏，字驥良，為地方教諭，有文才，生三女，吳絳雪最小，出生後其母親應氏即告病逝，三姊妹由父親扶養長大。她九歲通音律，十歲從父學詩，十一歲就可寫詩，展露才華，令其父驚訝。

這位才女不但聰慧過人，而且長得花容月貌、嫵媚嬌柔，十五歲時就美名遠播，時人譽為「江南第一美人」，並以「仙子降世」來形容讚賞她的才華和美姿，十六歲許配給同鄉文士徐孟華，才子佳人，珠聯璧合，成為全邑佳話美談。

也許是天妒奇才，運厄紅顏，吳絳雪曾自吟云：「妾身少坎壈，襁褓失家慈。」自幼失恃，十六歲嫁給徐孟華，一直未有身孕，二十四歲時丈夫就告往生，滿腹詩文，全身姿色，竟遭命運無情的打擊，冷酷的摧殘，真令人為她扼腕唏噓。

更不幸的是她受盛名所累，美艷所害，次年適逢三藩反清，福建耿精忠的總兵徐尚朝進兵浙東，六月抵永康，重兵包圍，放話說只要把吳絳雪獻給他為妾，就不攻城，否則，將屠城十日，不留活口。地方士紳慌忙聚會研議，最後決定請求吳絳雪允諾徐尚朝的要脅，將她獻出，事關闔邑生靈，全仗她的一念之間。吳絳雪喪夫尚未周年，哀痛之心猶未稍息，又逢如此奇恥大辱，情何以堪！但是為了拯救全城父老百姓，只得橫下心腸，答應飛蛾撲火，犧牲小我，盛妝出城。

俞曲園在其年譜中云：「邑人聚謀，欲以絳雪紓難，絳雪遂行，至三十里坑，投崖死，蓋捐一身以全一邑，非尋常節烈比也。」當徐尚朝得知之後，深恐受天下人所指責，頗感羞愧，於是撤圍引兵繞道退去，永康始免一次兵燹之災。

二十五歲正當青春年華的吳絳雪，就這樣犧牲了小我，拯救了大我，她不但有才華、有姿容，更有節操、有勇氣，換做一般女子，恐怕只有乖乖地被獻給徐總兵，受盡屈辱，最終還是難免一死，故云：死有重如泰山，亦有輕如鴻毛。

吳絳雪被稱為「江南第一才女」，確是名符其實，因為她除了會詩詞之外，還會寫「迴文詩」，這是超越詩詞的聲韻與形式之美的另一種文體，詞語相互套聯，結構緊湊，猶如一串項鍊的珍珠，無論從那一個字讀起、或是顛倒反過來讀都可以，而且平仄還得符合，所以也叫「迴文聯珠詩」，從前也有詩人寫過，但是不多，如王安石就有一首五言迴文詩：「碧蕪平野曠，黃菊晚村深；客倦留甘飲，身閑累苦吟。」至於吳絳雪，曾以迴文寫《四季詠》，巧妙精緻，無人能比：

鶯啼綠柳弄春晴，曉月明。——春。　香蓮碧水動風涼，夏日長。——夏。

秋江楚雁宿沙洲，淺水流。——秋。　紅爐黑炭炙寒冬，遇雪風。——冬。

這四句，看似平淡，卻是最工整雋美的迴文詩，讀起來是這樣的：

鶯啼綠柳弄春晴，柳弄春晴曉月明；明月曉晴春弄柳，晴春弄柳綠啼鶯。

香蓮碧水動風涼，水動風涼夏日長；長日夏涼風動水，涼風動水碧蓮香。

秋江楚雁宿沙洲，雁宿沙洲淺水流；流水淺洲沙宿雁，洲沙宿雁楚江秋。

紅爐黑炭炙寒冬，炭炙寒冬遇雪風；風雪遇冬寒炙炭，冬寒炙炭黑爐紅。

30. 斷腸詞人朱淑眞

宋代詞家之中，朱淑真可稱為女詞人的翹楚，她的這首《生查子》詠元夕云：

去年元夜時，花市燈如畫；月上柳梢頭，人約黃昏後。

今年元夜時，月與燈依舊；不見去年人，淚濕春衫袖。

這首詞相信很多人都讀過，她的筆觸就是那麼幽怨傷感、清雋婉約、真情虔意、旖旎淒惻。朱淑真祖籍安徽歙縣，父親在錢塘為官，她在《璿璣圖記》有云：「家君宦遊浙西，好拾清玩，凡可人意者，雖重購不惜也。」可知她生長在仕宦之家，隨父宦遊，耳濡目染、心領神會，因此對於自然勝景與季節更迭格外敏感，在小小心靈中就蘊育而萌芽了文學的葩蕊，加上後來的婚姻感情並不融洽，夫妻聚少離多，以致塑造成一位多愁善感、憂怨悲情的女詞人。

據她在《掬水月在手詩序》中云：「翰墨文章之能，非婦人女子之事，性之所好，情之所鍾，不覺自嗚爾。」當年民間思想保守，認為女子無才便是德，以致扼殺了多少菁英才女，朱淑真滿腹靈感，飽孕文才，生活在風光明媚的杭州，後又和夫婿宦遊他鄉，甚至遠渡瀟湘，由於她喜愛文學，性情所使，遂不顧一般世俗眼光，常以寫作遣愁、吟詠排悶，她有一首《自責》詩云：「女子弄文誠可罪，那堪詠月更吟風。磨穿鐵硯非吾事，繡折金針卻有功。」充分流露出她對當代歧視婦女、壓抑女子讀書的憤慨，至今留傳下來她的作品，是由宋人魏仲恭輯其詩詞名曰《斷腸集》，計收二十五首詞；在《紫芝漫抄本斷腸詞》有二十六首詞，《全宋詞》中收了其中二十二首詞，外加四首；在《古詩庫》中收有三十八首詩作，其實她的詩詞何止此數，據魏仲恭在《斷腸集序》中說朱淑真死後，其詩稿「為父母一火焚之，今所傳者百不一存。」真是令人扼腕嘆息。

相傳朱淑真嫁給市井小民，夫婿是個老粗，所以她一生悶悶不樂，悒鬱以終，難怪她所寫的詩詞都是那麼哀哀怨怨，因號「幽棲居士」，真是一朵鮮花插在牛糞上，所以有人為她抱屈，並且責怪她的父母太封建，因為當時女子出嫁，都是聽從父母之命、媒妁之言，這樣標致多才的女兒，怎可隨便許配市井小民？死後還燒光她的詩詞原稿，遇上這種父母，也只能怪自己投錯了胎。

不過，也有人持相反的意見，認為朱淑真的丈夫應該還是官員，並非庸夫，據《巾幗志》中之「宋詞媛朱淑真事略」一文中，提及「夫家姓氏失考，似初應禮部試，其後官江南者，淑真從宦，常往來吳越荊楚間，與曾布妻魏氏為詞友。又宴謝夫人堂有詩。」因而力主「舊說悠謬，其證有三：其父既曰宦遊，又嘗留意清玩，東園諸作，可想見其家世，何至下嫁庸夫？一證也。市井民妻，何得有從宦東西之事？二證也。魏謝大家，豈友駔婦？三證也。」但是她的詩詞為甚麼都「詞婉而意苦，委曲而難明？」事略中指出：「以意揣之，或者其夫遠宦，淑真未必皆從，容有竇滔陽臺之事，未可知也。」

朱淑真《愁懷詩》有「鷗鷺鴛鴦作一池，須知羽翼不相宜」之句，莫非她的丈夫有納妾之舉，喜新厭舊，才使她鬱悴不樂，乃發洩在詩詞中，故多幽憤之語、閨怨之詞，也未可知。

31. 忠肝義膽王翠翹

明代美女王翠翹，山東臨淄人，生逢災旱之年，父母將她賣給人口販子，輾轉攜到江南，轉賣給南京平康里娼家，冒姓馬，假母呼為「翹兒」，漸漸長大，成為俏姑娘。明代《板橋雜記》作者莆田余懷曾為她寫有《王翠翹傳》，說她「美姿首，性聰慧。教之吳歈歌、教之彈胡琵琶，則善彈胡琵琶，吹簫度曲，音吐清越，執板揚聲，往往傾其座客，平康里中，翹兒名藉甚。然翹兒淡雅，顧沾沾自喜，頗不工塗抹倚門術，遇大腹賈，及傖父之多金者，側目笑之，不予一盼睞溫語，以是假母日忿而笞罵。會有少年私翹兒金者，以計脫假母，而自徙居嘉興，更名王翠翹。」

在嘉興，王翠翹認識一位有錢的闊少，安徽歙縣人，名叫羅龍文，他為人慷慨，遊俠任性，對翠翹甚為照顧，常住其家，交往最深，不久他又喜歡另一個叫綠珠的女郎，經常帶她到翠翹家裡一塊飲酒聊天，彈唱歡娛，甚得其樂。某日，突有一個名叫徐海的青年，躲進翠翹家，說是被賭徒逼債，不得不暫避鋒頭，羅龍文看他一表堂堂，氣宇英拔，一見如故，遂傾身結交，接臂而飲，並將綠珠推薦給他，徐海欣然擁之入懷，酒酣耳熱，攘袂持杯，靠近羅龍文低聲說道：「此一片土，非吾輩得意場，丈夫安得鬱鬱久居人下乎？公宜努力，吾亦從此逝矣！他日苟富貴，毋相忘。」大有虯髯客的氣概。

說完慷慨悲歌，開懷暢飲，住了幾天，告別而去。這個徐海，原為杭州虎跑寺僧，法名明山和尚。離去後入海參加倭寇海盜，不久當上舶主，擁有雄兵數千，屢次侵犯江南。嘉靖三十五年，徐海圍攻桐鄉，巡撫阮鶚敗走，徐海擄獲甚夥，王翠翹和綠珠均被捉去，徐海一見，故人重逢，驚喜過望，遂將兩位美人俱收帳中，號為夫人，由翠翹彈胡琵琶、綠珠低唱以佐酒，大享齊人之福。

王翠翹備受徐海寵愛，凡軍機密畫，也讓翠翹參與，倚為心腹，可是翠翹在表面上跟徐海親暱，佯裝喜悅，內心裡卻非常不齒其行徑，期盼他早日敗亡，以免沿海居民受害。這時，總督胡宗憲開府浙江，防治倭寇海盜，使用懷柔政策，派華老人齎檄向徐海招降，徐海怒縛華老人，將推出營帳斬首，翠翹在旁勸他自古兩軍不斬來使，徐海乃予以釋放，華老人歸告胡宗憲，說徐海夫人王翠翹深明大義，可以曉以利害，策為內應。此事為羅龍文所悉，遂自告奮勇，向胡宗憲請命，前往倭營招降，徐海一見故友，把臂暢飲，羅龍文乘機分析局勢，勸徐海歸正，翠翹亦從旁婉言慫恿，徐海終於決心棄暗投明。

徐海能夠輸誠，王翠翹一言九鼎，可惜胡宗憲採取詭計，誘騙徐海率領部下接受招安時，予以包圍殲滅，徐海投水逃命，仍被官兵擒獲斬首，胡宗憲竟忽視王翠翹枕邊策反之功，竟將她賜給一位永順酋長，她大感受辱，歎曰：「徐海遇我厚我，我以國事誘殺之，斃一酋，又屬一酋，吾何面目生乎？」乃投水死。

《明史》卷二百五載有：「海妾受宗憲賂，亦說海。」海妾即王翠翹也，又載：「東黨懼，乘夜將攻海，海挾兩妾走間道，明日官軍圍之，海投水死。」所謂兩妾，即王翠翹與綠珠二人也。翠翹出身娼家，有此忠義志節，亦屬絕代紅妝矣。

32. 血噴仇敵葛嫩娘

明末，抗清志士寫下了無數可歌可泣的忠烈事蹟，其中葛嫩娘堪為女性的代表，在抵禦清軍入侵的奮戰中，發揮了忠勇節烈的民族精神。

葛嫩娘，原名蕊芳，父親葛挺昱，是鎮守邊關的武將，膝下只有這個寶貝女兒，長得漂亮英挺，有男兒氣概，跟隨父母在任上，一面研讀詩書，一面學習兵法，而且練得一身武藝，葛將軍親自教導她領兵佈陣的要訣，灌輸忠君愛國的理念，她聰慧伶俐，一聽就懂、一學就會，父母愛逾掌珠，寄予莫大期望，所以她的少女時代是過著幸福快樂的日子。

在葛嫩娘十六歲那年，晴天霹靂，清兵蜂湧入關，葛挺昱戰死邊陲，家人失散，兵慌馬亂，家丁張勝為葛嫩娘披上一件男裝，上馬奔出城外，往南逃命，一路輾轉跑到南京，才停下腳步，這時盤纏已罄，生活無著，人地生疏，前途茫茫，黑心肝的家丁張勝竟欺她單純無知，騙她來到秦淮河畔投靠一位遠親李十娘，實則是將她賣入青樓，可憐的葛嫩娘，從此失去了自由。

但是她性情剛烈，而且武功了得，李十娘不敢強迫，答應她「只賣藝不賣身」，憑她的姿容和吹得一手絕妙的洞簫，在秦淮河畔不久就闖出了名號，許多有身份地位的尋芳客慕名而來，和她飲茶談詩、品簫論政，凡是憂時愛國之士，葛嫩娘莫不加意招待，那些腦滿腸肥、只知享樂的富賈，她則冷淡以對，不假詞色，李十娘拿她一點辦法也沒有。

當時安徽桐城有一個世家子弟孫克咸，滿腹經綸、文韜武略，長得一表人才，氣宇軒昂，這年二十歲，辭家到南京圖謀一展雄才，不料北方亂起，朝廷崩裂，他在苦悶之中，來到秦淮河畔散心，無意中得識葛嫩娘，兩人一見傾心，再見鍾情。據明人余子曼著《板橋雜記》云：「葛嫩娘，字蕊芳。余與桐城孫克咸交最善。克咸名臨，負文武才略，倚馬千言立就，能開五石弓，善左右射，短小精悍，自號『飛將軍』，欲投筆磨盾，封狼居胥，又別字曰武公，然好冶遊，縱酒高歌，其天性也。聞李十娘盛稱葛嫩娘才藝無雙，即往訪之，闖入臥室，值嫩梳頭，長髮委地，雙腕如藕，面色微黃，眉如遠山，瞳人點漆，教請坐。克咸曰：『此溫柔鄉也，吾老是鄉矣！』是夕定情，一月不出，後竟納之閒房。甲申之變，移家雲間，間道入閩，授監中丞楊文驄軍事。」

原來是時清將博洛攻破南京，立即揮師南下，直逼福州，孫克咸和葛嫩娘在兵部侍郎楊文驄麾下全力協助防禦，護衛隆武帝，無奈清兵如同潮水般湧來，福州岌岌可危，這時閩南鄭芝龍擁有重兵，採取觀望，葛嫩娘乃自告奮勇，兩度突圍急馳泉州，造訪鄭芝龍，喻以忠義，曉以志節，力勸揮師北上護駕，共禦清兵，只是鄭氏準備降清，心意已決，不為所動，葛嫩娘祇好返回福州。

清兵以十萬之眾，發動四次攻城，福州城終於淪陷，楊文驄戰死在城墻上，葛嫩娘和孫克咸等在巷戰中力盡被擒。清將博洛看到葛嫩娘姿容秀麗，動手調戲，葛嫩娘大罵畜牲，當即咬斷自己舌頭，一口鮮血，噴得博洛滿頭滿臉，博洛老羞成怒，拔劍將她刺死，孫克咸隨之也被殺害，葛嫩娘真不愧為女中豪傑。

33. 楊門女將折賽花

在宋朝，天波府楊家一門忠烈，男兒個個為國捐軀，在民間流傳的小說、戲劇，廣受大眾激賞，尤其是看到最後剩下一門孤寡，而朝廷奸臣當道、皇帝昏庸，還得依靠楊家寡婦領兵、老夫人佘太君掛帥禦敵，真是替宋朝文武百官搖頭嘆息、為大宋男兒汗顏不已。

折太君；名賽花，太君是皇帝的封號，西京大同人，是後周永安節度使折德扆的女兒。《宋史》載：「折德扆世居雲中，為大族。周世宗建府州為永安軍，以德扆為節度使。時其父折從阮鎮邠寧，父子俱領節鎮，時人榮之。」折賽花生于後唐（公元九三四年），自幼接受父祖武將世家的薰陶，養成男子氣概，機敏果敢，少時隨父鎮守邊疆，與官兵為伍，學習兵法、熟練騎射，專研一手「走索銅錘」，腰際懸一銅錘，關鍵時刻，將銅錘拋出，疾如流星，百發百中，非常了得。

當時擔任麟州刺史的楊信，和折家共同鎮守邊陲，兩州結為軍事聯防，楊信的兒子楊業，隨父駐守要隘，自小練就一身武藝，騎射極精，尤其是身懷楊家獨門的三十六路梨花槍（長矛），槍法奇快，槍槍封喉。這兩家經常互有往來，折賽花和楊業自然就成了青梅竹馬的玩伴，在一起時，總是玩刀比箭、騎馬追逐，兩個年輕人成為州衙裡官兵們羨慕的一對。

在折賽花十五歲那年秋天，獲報契丹人將以五萬大兵侵犯府州，正好折德扆臥病在床，萬分焦急，這時折賽花表現得冷靜沉著，她徵得父親同意，授權統禦兵馬，佈陣禦敵，一方面派遣快騎到麟州通知楊刺史派兵援助，契丹兵馬被前後夾攻，大敗而退，賽花初試鋒芒，就顯現大將之風，楊家和折家兩軍慶功聯歡，楊業和賽花在酒酣耳熱之後，相約到郊外比武，一個使雙劍、一個執長矛，雙騎忽拼忽開，矛來劍支，劍劈矛擋，越打越認真，誰也不輸誰，楊業心想：堂堂男子漢，豈可輸給女子？於是虛晃一槍，佯裝敗陣，策馬就奔，好強的賽花立即猛追，看看跑到了七星廟前，楊業驟然勒馬，使出楊家梨花槍法中的「回馬槍」，賽花冷不防竟被矛尖挑中戰袍，摔下馬來，楊業正在得意，說時遲那時快，她那「走索銅錘」已經拋出來用鍊索纏住楊業，同時被拉下馬來，兩人在地上滾在一堆，互相擔心對方有無受傷，楊業掀起賽花的戰袍察看，羞得賽花一溜煙跑進七星廟，楊業笑著追進去。一直到現代，陝西府谷縣的居民都知道城南的七星廟是折賽花和楊業定情的地方。

楊折兩家聯姻，在軍事合作上更加密切。折賽花為楊業生了七男二女，《宋史》載其七子名為楊延朗（昭）、延玉、延浦、延訓、延環、延貴、延彬。但是民間小説戲劇中卻説為楊延平、延定、延朗、延輝、延德、延昭、延嗣。她把七個兒子和媳婦都鍛鍊得個個忠君愛國、武藝高強，結果是楊業被奸臣潘仁美等所設計，孤軍無援，力戰受傷被俘，絕食三天而死，幾個兒子也先後戰死沙場，折賽花覺得自已的姓把子孫折損太大，遂改姓佘，皇上封為太君，賜建天波府，以表彰她的犧牲奉獻，因此後世均稱她為佘太君，而不知道她原姓折。迄今，山西保德縣折窩村還有佘太君的墳墓，陝西白鹿縣佘家坡頭村還有佘姓的後裔。

34. 似無若有穆桂英

在宋代天波府楊門女將中，穆桂英是個響叮噹的人物，因為她曾經掛帥統率楊家十二寡婦領兵抗禦遼軍，打了漂亮的勝仗，使大宋男兒羞愧得抬不起頭來。

穆桂英，北宋時代的山東姑娘，父親穆羽，原是地方武官，因被奸人迫害，有冤難申，憤而到黃邱山落草，建立穆柯寨，佔山為王，穆桂英從小就愛讀兵書、勤練武藝，協助父親統率寨中弟兄，儼然女將。在她十七歲那年，遼國出兵北宋邊境，在九龍穀擺下七十二座天門陣，陣中毒氣氤氳，宋軍統帥楊六郎和他的母親佘太君無法破解，有人稟報說要用穆柯寨的降龍木才可以解毒破陣，於是楊六郎就派兒子楊宗保帶了隨員趕往穆柯寨商借，沒想到隨員和穆桂英一場誤會而大打出手，隨員不敵，楊宗保親自出馬，打得難分難解，最後楊宗保一時大意，竟被穆桂英生擒，押回寨中，因看楊宗保氣宇軒昂，心生情愫，遂以婚配為條件，答應鋸下一株降龍木，讓楊宗保帶回前線去向父帥覆命。

楊宗保雖然取得了降龍木，卻私自陣前娶妻，犯了軍法，要推出轅門斬首，幸經部將集體請命，才減刑杖責，關進禁閉室。穆桂英聞訊帶了弟兄前來搭救，楊六郎出營攔阻，和穆桂英刀槍相見，豈料穆桂英刀法怪異，疾如閃電，幾個回合，竟把楊六郎打下馬去，旁人大叫「他是你的公公，緊快住手！」嚇得穆桂英慌忙跳下馬去扶攙，幸虧沒有受傷，楊六郎羞愧之餘，倒由衷佩服她的容貌和武藝，當即回營下令放出楊宗保，認了這個媳婦。

這個媳婦果然了得，她帶來的穆柯寨弟兄全力協助宋軍，連破遼軍七十二陣，打得契丹人連忙撤軍，從此穆桂英在楊家出人頭地，為北宋立下不少功勞，傳說她在年將半百時還為宋朝掛帥領兵出征，成為社稷幹城、巾幗英雄。

但是，在宋史中，卻沒有她的列傳，只有楊門幾個兄弟叔侄的記載。據衛聚賢的《楊家將及其考證》中以為「穆」是「慕容」的轉音，古代慕容氏是鮮卑族的貴族姓氏，有尚武好鬬的傳統。歐陽修在撰寫楊文廣堂兄楊琪的《楊琪墓誌》中有：「楊琪初娶慕容氏，又娶李氏。」因此翦伯贊在《楊家將故事與楊業父子》文中指出：「楊琪既娶了慕容氏，楊文廣與慕容氏聯姻，自然也是可能的。」而且《山西楊氏宗譜》中載：「宗保妻穆氏，生文廣、同信二子。」明代章回小說《楊家將》中也說：「桂英生了文廣、文舉、金花三兄妹。」這就把穆桂英和楊家的關係銜接起來了。另外《保德州志》載：「楊文廣妻慕容氏，武藝高強，英勇善戰，遼兵將皆畏之。」這又把楊家父子關係搞錯亂了。

穆桂英父親穆羽在穆柯寨稱王，那穆柯寨確有其地，在北京房山縣張坊鎮的穆家口村，山上還有聚義廳、習武場、點將台、射箭場等設施，周圍風景秀麗，有北方小桂林之譽。而台兒莊西南黃邱山中也有穆柯寨，不遠處有穆庄村，緊鄰葫蘆套村裡有一棵千年古樹，樹幹中空，枝葉仍盛，鄉老傳說那就是當年的降龍木，原有兩株，穆桂英砍了一株大的，還留下一株小的，一直活到現在。

更奇怪的是北京密雲一帶的門神，貼的也是楊宗保和穆桂英夫婦，正史中雖無穆桂英的史料，可是民間顯然是肯定確有這一位絕代紅妝、女中豪傑的。

35. 一門五位女學士

我們都知道古代有四書五經，是士子科舉必修的課本，殊不知還有《女四書》，卻是往昔良家婦女閱讀的範本，所謂《女四書》乃指王相母親劉氏著的《女範捷錄》、班昭著的《女誡》、明成祖徐皇后著的《內訓》、以及宋若莘著的《女論語》。有關這類的書籍還有不少，例如藍鼎元的《女學》、陳宏漠的《教女遺規》、李晚芳的《女學言行錄》、李婉的《女訓》、陳邈妻鄭氏的《女孝經》等，都是教導、規範、約束婦女言行舉止的書籍，對我國古代的家庭倫理、男尊女卑的觀念產生了很深遠的影響。

本文僅談《女論語》這部書，是唐代最重要的一本有關女教的書，作者宋若莘，可是一位大才女，她的父親宋廷芬，貝州清陽人，世為儒學，詞藻雋越，生了五個女兒，老大叫若莘、次曰若昭、若倫、若憲、若荀，均極聰慧，據《唐書卷五十二》載：「庭芬始教以經藝，既而課為詩賦，年未及笄，皆能屬文。」宋庭芬真會教導，把五個女兒教得個個學富五車，尤其是老大和老二，更是才高八斗。《唐書》：「若莘若昭，文尤淡麗，性復貞素，閑雅不尚粉華之飾。嘗白父母；誓不從人，願以藝學揚名顯親。若莘教誨四妹，有如嚴師。」父母的教誨固然重要，老大的啟導，也是主因。家中子女眾多者，如果為首的子女能夠以身示範，帶頭讀書，且能督促弟妹共同努力，其效果定然可觀，宋家五姐妹，有大姐若莘領隊，嚴格要求，難怪四個妹妹都有輝煌的成就。

尤其難能可貴的是大姐若莘撰寫了一部《女論語》，而由二姐若昭加以註解，《售書》云：「若莘著女論語十篇，其言模倣論語，以韋逞母宣文君宋氏代仲尼，以曹大家等代顏閔，其間問答，悉以婦道所尚，若昭注解，皆有理致。」這件事由昭義節度使李抱真呈報朝庭，唐德宗皇帝把五姐妹召進內宮，試以詩賦，兼問經史中大義，極受皇帝讚譽，德宗皇帝能詩，常與侍臣唱和相屬，也令宋家姐妹參加應制，所和詩賦，皇帝深為欣賞，因此呼為「學士先生」。於是留若莘在宮中主持後宮記注簿籍的文書工作，後來若莘病故，皇上命二姐若昭代司其職，拜為尚官。《唐書》載：「姐妹中，若昭尤通曉人事，自憲、穆、敬三帝，皆呼為先生，六宮嬪媛、諸王、公主、駙馬皆師之，為之致敬，進封梁國夫人。」後幾年若昭病逝，老三若倫和老五若荀也先後病終，敬宗就令老四若憲代司宮籍，拜為尚官。文宗即位後，更加器重若憲，因為文宗喜歡文學，而若憲文筆特佳，又能議論奏對，很能符合皇帝的心意，所以對她特別敬重。

這宋氏一門五姐妹能夠共同被皇室尊為學士先生，可說是古今找不出第二家，主要的是她們不但文才超人，而且節操高潔，尤其是所著《女論語》一書，對當時婦女的訓勉，產生了驚人的功效，全書十二章，每句四字，押韻清新、對仗工整，確是一部傑作。例如談女子立身：「立身之法，惟務清貞；清則身潔，貞則身榮。行莫回頭，語莫掀唇；坐莫動膝，立莫搖裙；喜莫大笑，怒莫高聲。」又如談到夫婦相處之道，教人莫學愚婦、懶婦、蠢婦、潑婦、而是要立志做個賢婦，每章語重意深，莫不諄諄規勸，真不愧堪與《論語》並稱。

36. 外交女傑馮夫人

「馮嫽西域做大使，休言女子不如男。」這是前人誇讚馮嫽的兩句詩，直接點出男人能做的事，女子也能做，強調女男平等，不要以為只有男人萬能。

馮嫽，是漢代楚王劉戊的孫女解憂的貼身待女，生得標致亮麗、乖巧聰明，尤其是鶯聲燕語、口齒伶俐，舌粲蓮花，而且還會講很多種方言，有語言的天才，任何事經過她那丁香櫻桃的小口，都會令人賞心悅耳，她專責陪伴小姐讀書習字，吟詩寫畫，所以楚王府中上上下下，莫不對她另眼看待。

當時漢朝與西域諸邦採取和番結親的政策，楚王的孫女被皇上封為解憂公主，遠嫁給烏孫國王，馮嫽就陪嫁到西域。翌年，解憂公主幫她物色一位丈夫，嫁給烏孫的右大將軍，大將軍有幸能娶漢人為妻，自然萬分寵愛，馮嫽在將軍府不到兩年，就學會了流利的烏孫話，認識了朝中權貴和摸清了西域風情。

漢宣帝初年，與烏孫聯軍合擊，大敗匈奴，不久，烏孫國王去世，國中一時混亂不堪，國王和匈奴夫人生的兒子烏就屠，殺了新即位的國王，聚集一些兵馬上了北山，揚言要請匈奴出兵烏孫來支持他，果如此，則漢朝與烏孫的聯盟勢必瓦解，因此漢朝趕緊派了一萬五千士兵進駐敦煌，密切監視烏孫的動向，這時西域都護鄭吉想起馮嫽的丈夫右大將軍和烏就屠交情很好，而且右大將軍又很寵愛馮嫽，馮嫽又是一位膽識過人，才幹出眾的女人，在烏孫高層社會中聲望甚隆，被尊稱為「馮夫人」，於是，鄭吉聯絡上了馮嫽，她一口答應前往北山去面見烏就屠，告訴他說：漢軍已臨國境，來勢洶洶，不如及早投降，以免生靈塗炭。烏就屠聽後心生恐懼，遲疑地答：但求漢朝給我一個封號，我就投降。馮嫽回報鄭吉，鄭吉將經過奏聞宣帝，宣帝大悅，覺得一個女子，竟能冒險完成使命，化干戈為玉帛，很想見見到底是怎麼樣的一個女人，遂召她入京觀見，馮嫽跋涉數千里，入京面帝，將西域形勢和烏孫情況，向皇上侃侃而談，深入分析，宣帝聽了大為讚賞，立即宣旨正式任命馮嫽為外交使節，出使烏孫，她奉旨乘坐錦車、手持漢節，率領副使和隨員，浩浩蕩蕩，回到烏孫，代表皇帝，詔令烏就屠為烏孫「小昆彌（國王）」、解憂公主生的兒子元貴靡為烏孫「大昆彌」，並為兩昆彌劃分人口地界，頒賜二人金印綬帶。

馮夫人不但化解了一場大戰，安撫了烏孫，更厲害的是把大烏孫國分化為兩個國家，減輕對漢朝邊境的威脅，她確是中國第一位傑出成功的女外交家。

《漢書》中這樣記載：「馮嫽能史書習事，嘗持漢節，為公主使，行賞賜於城郭，諸國敬信之，號曰『馮夫人』。」公元前五十一年，解憂公主已七十歲，年老請求歸國，馮嫽也隨她回到長安。次年，烏孫大昆彌元貴靡去世，由其子星靡繼位，但是他性情怯弱，難以服眾，國內動盪不安，使漢帝憂慮不已，馮嫽乃自告奮勇，上奏請求前往處理亂局，皇帝大表感佩，遂詔派馮嫽為大漢全權特使，她雖已年逾花甲，仍不辭辛勞艱苦，到烏孫去又一次展現了她的才幹，擺平烏孫國內的情勢。《漢書》云：「馮夫人上書願使烏孫，鎮撫星靡，漢遣士卒百人送烏孫焉。」像馮嫽這樣傑出的首位女外交家，可真是絕代紅妝，古今罕見。

37. 上官宰相名婉兒

葉下洞庭初，思君萬里餘。露濃香被冷，月落錦屏虛，
欲奏江南曲，貪封薊北書；書中無別意，惆悵久離居。

這一首《綵書怨》是唐代才女上官婉兒寫給情人李逸的詩，心上人遠在他方，不喜歡的人卻老在身邊糾纏，叫多情的才女怎麼不暗自怨歎？

提起上官婉兒，大概很多人都知道，她不但是個才女，美人，而且還是武則天皇帝的文膽、智囊、宰相，唐中宗拜為昭容，翻開史籍，無人能出其右。

《唐書》第五十一卷有她的列傳：「上官昭容，名婉兒，西臺侍郎儀之孫也。父庭芝，與儀同被誅。婉兒時在襁褓，隨母配入掖庭。及長，有文詞，明習史事，則天時，婉兒忤旨當誅，則天惜其才不殺，但黥其面而已。」她的祖父上官儀，是唐太宗時代的名臣，後來因為替唐高宗起草廢除武則天的詔書，得罪了武則天，於是連他的兒子上官庭芝

都被問斬，她是時才幾個月大，跟母親一起發配到後宮為奴，但是她天生美人胚子，又聰明好學，領悟力特強，隨著女官讀書識字，加以母親悉心調教，在宮中慚漸出類拔萃，連武則天也耳有所聞。

十四歲那年，武則天召見她面談，當面命題寫作，她很快就繳稿，其詞藻華麗、遣辭典雅，已達爐火純青之境，武則天非常欣賞，當即下旨赦免奴婢身份，留在身邊擔任文書助理，逐漸參與撰擬詔書，閱覽奏章，接著又讓她在百官的奏牘上加簽意見，武則天只看她的註批，在上面畫可或不可，就頒行天下，成了女皇肱股、朝中最權威的宰相級人物，那時，她才十九歲。

唐書中說上官婉兒曾經「忤旨」，武則天惜才留命，「但黥其面而已。」不過據其他史料記載，說她臉上的疤痕，是因為武則天發覺她竟和自已的面首張昌宗眉來眼去，不禁醋勁大發，一把匕首丟過去，在她嫩臉上留下一處傷痕，後來她索性請人在那傷痕處刺成一朵桃花，不但沒有破相之感，反而益增嫵媚。事後武則天也覺得過意不去，把一個如花似玉、才情並茂的女子留在身邊已有十幾年，將心比心，殊感殘忍，於是撮合把她許配給自已的侄兒武三思，這年，上官婉兒已經三十五歲。

在中宗李顯即位時，上官婉兒也備受寵用，晉拜九嬪次位的昭容，震懾後宮。她的才華和權柄，無與倫比，而且她的感情之複雜，也是少見，她雖然奉旨嫁給武三思，可是她心中最愛的人卻是唐室王子李逸，李逸愛的卻是武則天的義女武玄霜；真正最愛上官婉兒的是長孫泰，但是長孫泰的妹妹恰好又是李逸的妻子，這一撮男女愛情糾纏不清，盤根錯節。

武三思是個俗人，自然不是上官婉兒的對象，所以她又愛上了一個英俊少年崔湜，卻又被太平公主橫刀奪愛，由愛情的爭奪，後來延伸到宮廷的權力鬬爭，上官婉兒捲入韋后母女毒害唐中宗的事件，和太平公主壁壘分明，結果是太平公主支持李隆基奪權成功，是為唐玄宗，上官婉兒就死在那次宮廷兵變之中。

後來唐玄宗下旨收集她的詩文，輯成廿卷，由張説寫序，譽她：「敏識聆聽、探微鏡理。搖筆雲飛，成同宿構。一日萬機，應接如意。」真是女中豪傑。

38. 文史才女曹大家

《後漢書》卷八十四《曹大家傳》記：「扶風曹世叔妻者，同郡班彪之女也，名昭，字惠班，一名姬。博學高才，世叔早卒，有節行法度，兄固著《漢書》，其《八表》及《天文志》未竟而卒，和帝詔昭就東觀藏書閣踵而成之。帝數召入宮，令皇后諸貴人師事焉，號曰『大家』。」

班昭，名門閨女，父親班彪是當代著名的史學和儒學大師；大哥班固是《漢書》的主要撰寫人；二哥班超是投筆從戎打通西域絲綢之路的大功臣，她出身在這樣書香門第、顯赫望族，自幼耳濡目染，史稱她「家有藏書，內足於財」，加上她的天資聰慧、氣質端靜，因此，才釀成她那渾然天成的靈性，娟秀的容貌，縱橫兩千年，無一女性堪與比擬，儼然是絕代天嬌、女中翹楚。

老天總是不讓人們得到十全十美的生活，班昭才華洋溢，祇是婚姻生活短促，是她一生美中不足之處。她十四歲時嫁給了同郡青年曹壽，字世叔，數年後生了一個兒子，取名曹成，不幸丈夫早逝，二十出頭就守寡在家，過著挑燈課子、稽古尋論的深閨寂寥的生活。

正因為她清靜寡居，才有時間和精神瀏覽經典史籍，增進天文地理的常識，當她的父親班彪撰寫《漢書》尚未完稿就因病去世，由她的大哥班固繼續接捧編著的時候，她就參與了蒐集校訂的工作，班固費了一輩子的功夫，一直到他因為捲入竇憲案而死在獄中，巨著仍未完成，這項艱鉅的工作，就落在她的肩上。

她的氣概和志向獲得漢和帝的欣賞，還特別恩准她可以進入皇家圖書館「東觀藏書閣」去蒐集資料，參考典籍，花了好多年的時間，終於補撰了《八表》和《天文志》，一部完整的《漢書》，在班氏父子、兄妹接力編撰之下，才告完整呈現在國人面前，否則，不完整的史書，等於前功盡棄，班彪和班固父子豈不白白地浪費了數十年寶貴的生命？

《漢書》脫稿完編後，獲得極佳的評價，班昭曾在東觀藏書閣舉行過好幾次的講解會，當時很多飽學之士爭相參與聽講，連當代大學者馬融也參加旁聽，她的學問已經使士大夫佩服得五體投地。

當時皇家也對班昭的博學高才、通古鑑今而深表敬重，皇后和嬪妃經常邀請她進宮做專題演講，尊其為師，朝中每有外國貢獻異物珍寶，就請她作賦寫頌；在鄧太后當朝的那些年，還請她參加議決朝政，因此宮內都尊稱她為「曹大家」，曹是她的夫姓，大是偉大，家是德高望重、才華橫溢，自成一家的尊號，後來也有人稱她為「曹大姑」，都是非常尊重的稱呼。

曹大家除了撰寫《漢書》之外，為了二哥班超年老仍在塞外，屢次上書請求調回而未能獲准，她乃親上奏章，寫得真情流露、文詞感人，使皇帝為之動容，遂下旨派人接替班超，讓他返京，這份奏章，深為文史學者所讚譽。更值得一提的是她在七十歲時撰寫了《女誡》一書，其中有「卑弱」、「夫婦」、「敬慎」、「婦行」、「專心」、「曲從」、「叔妹」等七篇，被歷代奉為婦道的金科玉律，對中國兩千年來的婦女規範和女性生涯，產生了莫大的導向作用，影響至為深遠。

39. 命運多舛蔡文姬

唐代李頎詩云：「蔡女昔造胡笳聲，一彈一十有八拍，胡人落淚沾邊草，漢使斷腸對歸客。」四句詩把蔡文姬的《胡笳十八拍》描寫得感人肺腑、悲愴悽切。

說到這位文學和音樂天才，名叫蔡琰的美女蔡文姬，真是令人為她的悲情身世一掬同情之淚；她是東漢著名大學者蔡邕的掌上明珠，從小就從家學中得到薰陶，慧黠的天資和好學的秉性，使她的文學素養累積甚深，她還有一種天賦的「音感」，也就是對音律音頻有特別的敏感度。據《蔡琰別傳》有一段記載：「文姬少聰慧秀異，年六歲，邕夜鼓琴，弦絕。琰曰：『第一弦。』邕故又斷弦問之，琰曰：『第四弦』。」在琴音中她能立即聽出是斷了第幾弦，才六歲的小姑娘，就有這種功力，難怪長大後會譜出《胡笳十八拍》那樣哀惋感人的曲調來。

才華洋溢的她，命運卻坎坷困厄，當名聞天下的父親蔡邕死於王允之手後，她十六歲就嫁給了河東衛仲道，兩年後丈夫就病故，只好回到娘家，適逢漢末天下大亂，她竟在匈奴入寇時被胡軍擄走，看她年輕貌美，遂將她當做戰利品進獻給匈奴左賢王，那左賢王立刻被她的容貌儀態所迷惑，納為王妃，極受寵愛，蔡文姬一個孤身女子，只有逆來順受，在匈奴安身立命。她在《第二拍》中這樣吟：「戎羯逼我兮為室家，將我行兮向天涯。」《第三拍》中又說：「越漢國兮入胡城，亡家失身兮不如生。」可見當時她的心境是多麼痛苦無奈！

她在匈奴生活了十二年，育有一子一女，原想就此母子在匈奴相依為命，以了殘生，豈料這時曹操掌權，聽聞昔年好友蔡邕的女兒淪落塞外，甚為同情，遂於建安八年，派遣專使帶了金璧去南匈奴向左賢王索回蔡文姬，左賢王原本捨不得，但礙於曹操勢大，不得不割愛讓蔡文姬回去，史稱《文姬歸漢》。可憐的她又面臨一次痛苦的抉擇；歸漢，當然是內心所願，然而叫她與十歲的兒子和八歲的女兒生離永別，豈不如同利刃割肉？她在《第十三拍》中唱出當時的心情：「不謂殘生兮卻得旋歸，撫抱胡兒兮泣下沾衣。漢使迎我兮四牡騑騑，胡兒號泣兮誰得知？」的確，母子永離，那種椎心之痛，裂肝之苦，相信誰也難以承受。

根據近代史家考證，從她的十八拍中所描述的塞外情景看來，當年她在匈奴的生活範圍，應係黃河北岸與陰山腳下的包頭一帶。

蔡文姬歸漢後，年紀才三十出頭，可憐孑然一身，曹操乃替她安排嫁給屯田都尉董祀，婚後夫妻恩愛，原以為從此該可以安享後半生了，誰知不久董祀竟犯了國法，被判死刑，眼看丈夫又將死別，蔡文姬乃親謁曹操求情，時逢隆冬，史書上記載她「蓬首徒行，叩頭請罪，音辭清辯，旨甚酸哀，眾皆為之動容。」曹操深受感動，遂特赦了董祀的死刑。

縱觀蔡文姬的一生，真是命途多舛，天生才女，可謂絕代天嬌，卻屢遭厄運，令人嘆息，她曾經寫了四百多篇憶念父親蔡邕的詩，還有許多歌謠，可惜現今只有《悲憤詩》和《胡笳十八拍》流傳下來。

蔡文姬的墓在河南藍田縣三里鎮蔡王村，塚高七米，林木蒼鬱，碧草如茵，蔡王村的居民，就是當初為文姬看墓的人，代代相傳下來，已成一個村落。

40. 紡織達人黃道婆

人們大概都知道蠶絲是西陵姑娘嫘祖最先發明的，但是對於棉花加工成為紡織品的革新技術，能夠織成各種圖案花樣的創始人是誰，恐怕知道的人並不多。

常聽老一代的人說：「人不可貌相。」這句話的確是很有哲理的，有時看到鄉間一些村姑，其貌不揚，又沒有讀甚麼書，可是她們卻會創造出令人驚異的成果來，對社會提供莫大的貢獻，黃道婆就是這樣的一個村姑。

黃道婆，又叫黃婆，在宋末元初年間，生於江蘇松江烏泥涇鎮一家貧窮的農家，從小父母雙亡，孤苦伶丁的小姑娘，只能幫人家放牛混一口飯吃，十六歲時，媒婆替她給同村的宋家做媒，嫁給了宋家老五做媳婦，不料宋老五還沒有當父親就病死了，一個年輕的寡婦，在大家族中很受欺侮，公婆嫌她命舛，幼年剋父母，成年剋丈夫，說不定接下來還要剋公婆，所以對她非常討厭，整天挨罵挨打，她實在待不下去了，跑到廣度寺去出家，可是廣度寺離宋家很近，閑言雜語依舊不斷地傳來寺中，又怕公婆派人把她抓回去，使她感到很不安，後來，她決定遠離傷心之地，帶了一些軟細銀子，搭上一條船，流浪到海南島，上岸準備落腳在島上過個平靜的下半生。

她看中了海南崖州（今三亞市崖城鎮）的南山村，那裡村前村後種滿了木棉，家家戶戶都有紡紗車和織布機，婦女們個個都會紡織刺繡，生活忙碌而充實，令她心生羨慕，因此決定在那裡賃屋住下來，然後拜師，學習紡織的工藝。

那時代中，海南黎族的紡織技術，已經很進步，他們不養蠶繅絲，而是種植棉花紡紗織布，王禎在《農書》中載：「無採養之勞，有必收之效；免績緝之工，得禦寒之益，可謂不麻而布，不蠶而絮。」這說明當地採用綿紗布的優點。趙汝适的《諸番志》中也說黎族「婦人不事蠶桑，唯織吉貝花枝、縵布、黎幕。」黃道婆在那裡一面學習技藝，從學習中發覺紡織技術還有許多改良的空間，於是著手改進創新，整整二十年的光陰，他不但學會了紡紗織布的一貫作業，而且青出於藍，比原先的師父還要出色，成為全村最能幹、最精巧的紡織達人。

當她四十多歲時，已儲蓄了不少銀兩，也有了一手頂尖的手藝，於是興起故園之思，在元成宗元貞年間，大約是公元一二九六年前後，裝載了一車紡織工具，返回江山依舊、人事已非的故鄉松江。

這時長江流域已經普遍種植棉花，但是紡織技術卻很落後，婦女們仍然用紅腫的雙手剝棉籽，男人們還是用小竹弓彈棉花，而且織出來的棉布一直都很粗糙，黃道婆根據自己的技術，從工具開始改進，由軋棉去籽著手，到三維腳踏紡車，發明了很多精巧的工具，使紡織技術大加改良，產品既精美、產量又豐富，她把「擀、彈、紡、織」的工具和技術毫無條件地傳授給各農家，松江地區盡仿其法，一時家家賺錢，戶戶小康，民眾感念在心，在她六十多歲過世後，興建祠堂祭祀她，近年上海徐匯區華涇鎮東灣村還建了「黃道婆紀念館」，和黃道婆墓相鄰，三個展覽館分別展出她的生平事蹟和歷史功績，器具與紡織品，表示對她的崇敬與感念。一個村姑，由於她的貢獻，能夠流芳千古，真是不容易啊！

附錄：吳東權已出版書目

1 **玉骨冰心**——中篇小說（皇冠出版社）1964
2 **三人行**——中篇小說（新中國出版社）1966
3 **橄欖林**——短篇小說集（臺灣商務印書館）1967
4 **高處不勝寒**——長篇小說（宏業書局）1967
5 **碧血黃沙**——長篇小說（宏業書局）1967
6 **老虎崖**——長篇小說（宏業書局）1967
7 **死狼峽**——長篇小說（正中書局）1967
8 **十步橋**——短篇小說集（水牛出版社）1968
9 **看不見的雨絲**——短篇小說集（博愛出版社）1968
10 **喜上眉梢**——短篇小說集（新中國出版社）1968
11 **月破黃昏**——長篇小說（哲志出版社）1968
12 **颱風草**——短篇小說集（立志出版社）1968

13 蝶戀花——長篇小說（哲志出版社）1969

14 白玉蘭——長篇小說（哲志出版社）1969

15 玉蝴蝶——短篇小說集（明山書局）1970

16 九孔橋——長篇小說（立志出版社）1971

17 一翦梅——長篇小說（學生書局）1972

18 四季春——長篇小說（華欣出版社）1974

19 又見覓橋——散文集（這一代出版社）1977

20 吳東權自選集——短篇小說集（黎明出版社）1977

21 人言小品——小品文集（水芙蓉出版社）1978

22 電影與傳播——論述集（黎明出版社）1979

23 離巢燕——短篇小說集（文化大學出版部）1980

24 燕離巢——短篇小說集（黎明出版社）1981

25 中國聲光傳播媒介溯源——論述集（這一代出版社）1982

26 浩氣英風：史堅如傳——傳記小說（近代中國出版社）1983

27 折箭為盟——長篇歷史小說（采風出版社）1984

28 電影——論述集（允晨文化公司）1984

45 郵童六憶——散文集（黎明文化公司）2004

46 越長壽越快樂——銀髮養生文學（高寶國際出版）2005

47 綵筆紅顏——散文集（臺灣商務印書館）2007

新萬有文庫
絕代紅妝

作者◆吳東權
發行人◆王學哲
總編輯◆方鵬程
主編◆葉幗英
責任編輯◆吳素慧
美術設計◆吳郁婷

出版發行：臺灣商務印書館股份有限公司
台北市重慶南路一段三十七號
電話：(02)2371-3712
讀者服務專線：0800056196
郵撥：0000165-1
網路書店：www.cptw.com.tw
E-mail：ecptw@cptw.com.tw

局版北市業字第 933 號
初版一刷：2008 年 4 月
定價：新台幣 300 元

ISBN 978-957-05-2272-3

絕代紅妝／吳東權著. -- 初版. -- 臺北市 :
臺灣商務, 2008. 04
面 ; 公分. --（新萬有文庫）

ISBN 978-957-05-2272-3(平裝)
1. 女性傳記 2. 中國

782.22 97002627

廣	告	回	信
台灣北區郵政管理局登記證			
第6540號			

100臺北市重慶南路一段37號

臺灣商務印書館　收

對摺寄回，謝謝！

傳統現代　並翼而翔

Flying with the wings of tradition and modernity.

讀者回函卡

感謝您對本館的支持，為加強對您的服務，請填妥此卡，免付郵資寄回，可隨時收到本館最新出版訊息，及享受各種優惠。

姓名：________________________ 性別：□男 □女

出生日期：_____年_____月_____日

職業：□學生 □公務（含軍警） □家管 □服務 □金融 □製造

□資訊 □大眾傳播 □自由業 □農漁牧 □退休 □其他

學歷：□高中以下（含高中） □大專 □研究所（含以上）

地址：____

____

電話：（H）____________________（O）____________________

E-mail:____

購買書名：____

您從何處得知本書？

□書店 □報紙廣告 □報紙專欄 □雜誌廣告 □DM廣告

□傳單 □親友介紹 □電視廣播 □其他

您對本書的意見？（A/滿意 B/尚可 C/需改進）

內容_______ 編輯_______ 校對_______ 翻譯_______

封面設計_______ 價格_______ 其他____________________

您的建議：

____

____

____

臺灣商務印書館

台北市重慶南路一段三十七號 電話：（02）23713712轉分機50~57

讀者服務專線：0800056196 傳真：（02）23710274

郵撥：0000165-1號 E-mail：ecptw@cptw.com.tw

網路書店網址：www.cptw.com.tw